初中数学教学
设计与方法

孙桂瑾　主编

汕头大学出版社

图书在版编目（CIP）数据

初中数学教学设计与方法/孙桂瑾主编. -- 汕头：
汕头大学出版社,2018.4

ISBN 978-7-5658-3603-9

Ⅰ.①初… Ⅱ.①孙… Ⅲ.①中学数学课－教学设计
－初中 Ⅳ.① G633.602

中国版本图书馆 CIP 数据核字 (2018) 第 092007 号

初中数学教学设计与方法

CHUZHONG SHUXUE JIAOXUE SHEJI YU FANGFA

主　　编：孙桂瑾
责任编辑：汪小珍
责任技编：黄东生
封面设计：金李梅
出版发行：汕头大学出版社
　　　　　广东省汕头市大学路 243 号汕头大学校园内　邮政编码：515063
电　　话：0754–82904613
印　　刷：北京市天河印刷厂
开　　本：710mm×1000 mm 1/16
印　　张：7.5
字　　数：110 千字
版　　次：2018 年 4 月第 1 版
印　　次：2019 年 4 月第 1 次印刷
定　　价：27.00 元
ISBN 978-7-5658-3603-9

前　言

　　数学教学设计是以数学学习论、数学教学论等理论为基础，运用系统的方法分析数学教学问题，确定教学目标，选择教学方法，设计教学思路与流程以及解决数学教学的策略方案、试行方案、评价试行结果和修改方案的过程。教学设计是教师在实施教学前对教学行为进行周密的思考与安排；是对教什么、如何教、学生如何学、要达到什么目标等要素进行系统认真的分析与研究；是对如何达到教学目标、如何组织教学活动过程以及在活动过程中将采取什么策略、方案进行的一种设计安排，教学设计就像打仗前的军事分析与部署，教学设计的好坏关系到课堂教学的质量和效果。

　　本书主要是通过对初中数学教学的设计与方法进行系统全面的探讨，为更好地开展初中数学教学提供借鉴。首先，本书主要对初中数学教学相关的理论知识进行阐述，包括初中数学教学的概述，初中数学教学的发展历程，初中数学教学对中学生和我国教育事业的重要作用，以及一些学习理论在初中数学教学中的应用；其次，本书对初中数学教学的设计与方法进行论述，主要包括初中数学单元教学方法与设计、初中数学课堂有效性教学方法与设计、初中数学合作学习方法与设计及全面素质教育下如何更好地把握初中数学教学的方法与策略等内容。

　　本书由长春市第四十五中学孙桂瑾老师主编，在编写的过程中，参阅了大量相关资料，在此对有关作者予以真诚的感谢，由于时间与精力有限，书中难免有不足或不当之处，恳请同行与读者批评指正。

目 录

第一章 初中数学教学概述

第一节 教学设计的定义

一、关于教学设计的定义

要理解"教学设计"的内涵，首先应清楚"设计"的含义。根据"汉典在线"解释，设计指"按照任务的目的和要求，预先订出工作方案和计划"。20世纪60年代教学设计逐渐形成以来，随着心理学理论的发展，其理论逐渐形成和发展。专家学者对教学设计的理解也有所不同，主要有以下几种观点：

教学设计是对教学系统计划的过程；教学设计是设计科学；教学设计是科学型的技术；教学设计是一门学科。在《教学设计原理》中加涅对教学设计的定义：教学是一个系统，而教学设计是一个系统化规划教学系统的过程。教学系统本身是对资源和程序做出有利于学习的安排。雷根、史密斯等人的观点是：教学设计是指运用系统的方法，将学习理论与教学理论的原理转换成对教学资料、教学活动、信息资源和评价的具体计划的系统化过程。

我国学者乌美娜对教学设计的解释：教学设计是运用系统方法分析教学问题和确定教学目标，构建解决这些问题的策略方案，在教学过程中试行方案，对试行结果进行评价和对方案进行修改的过程。徐英俊对教学设计的理解：以学习理论、教学理论和传播理论为理论基础，以优化教学效果为最终目的，分析教学中存在的问题并确定教学目标、设计教学策略方案、试行设计方案并对其进行评价修改的过程。

以上学者认为教学设计是对教学系统计划的过程，包括分析教学问题、设计解决问题的策略方案、优化教学过程及最终进行教学评价。一般认为，教学设计作为一门探究如何有效果、有效率地设计教学的理论和一门新兴的教育科学，它是根据教学对象和教学目标，确定合适的教学起点与终点，有序、优化地安排教学诸要素，形成教学方案的过程。

二、教学设计的意义、步骤

通过教学设计，教师可以对教学活动的基本过程有个整体的把握，可以根据教学情境的需要和教育对象的特点确定合理的教学目标，选择适当的教学方法、教学策略，采用有效的教学手段，创设良好的教学环境，实施可行的评价方案，从而保证教学活动顺利进行。另外，通过教学设计，教师还可以有效地掌握学生学习的初始状态和学习后的状态，从而及时调整教学策略很方法，采取必要的教学措施，为下一阶段的教学奠定良好基础。从这个意义上说，教学设计是教学活动得以顺利进行的基本保证。好的教学设计可以为教学活动提供科学的行动纲领，使教师在教学工作中事半功倍，取得良好的教学效果。忽视教学设计，则不仅难以取得好的教学效果，而且容易使教学走弯路，影响教学任务的完成。

（一）教学设计的意义

1. 有利于媒体教材质量的提高

国外有专家认为，在早期视听教材令人失望的情形下，"是教学设计使他们走出了困境"。后来，他们取得成功的"秘诀"之一就是"在节目的制作过程中致力严格的教学设计"。

2. 有利于教学工作的科学化

传统教学以课堂为中心、书本为中心、教师为中心，教学上的许多决策都凭教师个人的经验和意向做出。有经验的教师凭借这条途径也能取得较好效果，这是具有教学艺术的表现。但善于运用这门艺术的教师毕竟有限，而且教学艺术很难传授。教学系统设计克服了这种局限，将教学活动的设想建立在系统方法的科学基础上，用可以复制的技术作为教学的手段。教师只要懂得相关理论、掌握科学方法，一般教师都能实际操作。因此，学习和运用教学设计的原理是促使教学工作科学化的有效途径。

3．有利于教学理论与教学实践的沟通

教学活动作为一种社会实践源远流长。为了使教学活动有序有效，人们早就开始探索教学机制，对教学过程中涉及的各个要素之间的关系进行研究，并形成了一套独立的知识体系——教学理论。但长期以来，教学的研究偏重于理论上的描述和完善，广大教师批评教学理论脱离实际，对改进教学工作帮助不大。这固然同理论研究不够深入有关，而更多的原因是忽视应用研究，致使在实践上无法操作。在这种情况下，被称为"桥梁学科"的教学设计起到了沟通教学理论与教学实践的作用。教学设计为了追求教学效果的优化，在解决教学问题的过程中，注意把个别教师的教学经验升华为便于广大教师掌握和运用的教学科学，注意把已有的教学研究理论成果综合应用于教学实践，使教学理论与教学实践紧密结合起来。

4．有利于科学思维习惯和能力的培养

教学设计是系统解决教学问题的过程，它提出的一套确定、分析、解决教学问题的原理和方法也可用于其他领域和其他性质的问题情境中，具有一定的迁移性。例如，在教学内容或学习任务分析这个设计环节中，要求设计者将总的教学目标分解成单元教学目标和更具体的使能目标，建立一个教学目标群，然后根据每一个具体目标拟定策略。这与现代管理学中的目标管理的思路是相同的。因此，通过教学设计原理和方法的学习、运用，可以培养有关人员科学思维的习惯，提高他们科学地分析问题、解决问题的能力。

（二）教学设计的步骤

1．教学设计的主要环节

教学设计是综合多种学科理论和技术研究成果的学科，其主要理论基础有学习理论、教学理论、系统理论和传播理论等，每一种理论都从不同的视野对教学设计的形成与发展产生了重要的影响，其中学习理论是四种理论中最重要的理论基础。尽管教学设计过程模式种类繁多，但通过对其理论基础进行认真分析，我们认为，教学设计主要包括面向教师教的传统教学设计、建构主义环境下的教学设计和"学教并重"的教学设计三类。传统教学设计主要面向教师的教，通常包括以下几个环节：

（1）教学目标分析 —— 确定教学内容及知识点顺序。

（2）学习者特征分析 —— 确定教学起点，以便因材施教。

（3）在以上分析的基础上，确定教学方法、策略。

（4）在上述分析的基础上，选择教学媒体。

（5）进行施教，并在教学过程中做形成性评价。

（6）根据形成性评价得到的反馈对教学内容与教学方法、策略加以调整。

2. 建构主义环境下的教学设计

（1）情境创设 —— 创设有利于学生自主建构知识意义的情境。

（2）信息资源提供 —— 提供与当前学习主题相关的信息资源（教学资源），以促进学生的自主建构。

（3）自主学习策略设计 —— 自主学习策略是引导学生自主学习、自主建构的内在因素，其作用是为了调动学生学习的主动性、积极性，以达到自主建构的目标。

（4）组织协作学习 —— 通过协作交流、思想碰撞、取长补短，深化学生的意义建构。

（5）组织与指导自主发现、自主探究 —— 在建构知识意义的基础上，通过解决实际问题的发现式学习与研究性学习，进一步培养学生的创新精神与实践能力。

3. "学教并重"的教学设计

则在理论、方法和过程建构主义环境下的教学设计上兼取两者之长并弃其之短，既突出学生的主体地位，又重视教师的主导作用，其设计过程主要包括：

（1）教学目标分析 —— 确定教学内容及知识点顺序。

（2）学习者特征分析 —— 确定教学起点，以便因材施教。

（3）教学策略的选择与活动设计。

（4）学习情境设计。

（5）教学媒体选择与教学资源的设计。

（6）在教学过程中做形成性评价，并根据评价反馈对内容与策略进行调整。

在环节（3）中已涵盖建构主义的自主学习、协作学习与自主探究等策略的设计，在环节（4）和在环节（5）中则包括了情境创设和资源提供的要求。

传统教学设计通常也是以教为中心的教学设计，主要面向教师的"教"，其主要内容是研究如何帮助教师把课备好、教好，其教育思想倾向于以教师为中心。按这样的理论和方法设计出来的教学，有利于教师主导作用的发挥，有利于教师对整个教学活动过程的监控，有利于系统科学知识的传授，有利于教学目标的完成，有利于学生全面打好各学科知识基础是有利的；不足之处是长期"重教轻学"，忽视学生的自主学习、自主探究，容易造成学生对教师、对书本、对权威的迷信，且缺乏发散思维、批判思维和想象力。

建构主义环境下的教学设计，也称以学为中心的教学设计，其教育思想倾向于"以学生为中心"。特别强调学习者的自主建构、自主探究、自主发现，这无疑对学生的创新精神与创新能力的培养是有好处的，却忽视教学目标分析，忽视教师主导作用的发挥。

近年来，随着 Blending Learning 新概念逐渐被国际教育技术界所接受，愈来愈多的教师认识到"以学为主"的教学设计有自己的突出优点（有利于促进学生自主探究和创新精神的培养），但也有自身的缺陷（不利于系统科学知识的传授与掌握）；而"以教为主"的教学设计恰好与之相反。若能将两者有机结合，正好可以优势互补。结合以后的教学设计，我们称之为"学教并重"的教学设计，这种教学设计既强调充分体现学生的主体地位，又强调充分发挥教师的主导作用，不仅对学生的知识技能与创新能力的训练有利，而且对于学生健康情感与价值观的培养也是有好处的。

三、数学教学设计

什么是数学教学设计？奚定华在其主编的《数学教学设计》一书中认为，数学教学设计是"以数学教学论、数学学习论等理论为基础，运用系统方法，分析数学教学中的问题并确定数学教学目标，设计解决数学教学问题的方案、试行方案并对其结果进行评价、修改方案的过程"。他把数学教学设计看作是科学和艺术的完美结合。何小亚在《中学数学教学设计》一书中对数学教学设计的定义是：教师根据课程目标和学生的认知状况，制定数学教学目标，选择教学内容，合理设计数学教学过程各个环节的过程。

（一）数学教学设计的模式

奚定华认为数学教学设计有各种不同的过程模式，但都包含四个共同的要素：数学教学对象、数学教学目标、数学教学策略、数学教学设计方案评价。章建跃提出了数学课堂教学设计的几个基本环节：背景分析、学生情况分析、数学教学目标的设计、教学媒体设计、课堂结构设计、教学过程设计、教学评价设计。方均斌认为，"教学设计模式"一般有两方面的理解：一是将教学设计过程模式化；二是指教学设计中涉及哪些环节或要素。

对数学教学设计模式的研究应该建立在一般教学设计模式的基础上。基于各种数学教学设计模式的阐述，本研究中，数学教学设计模式一般认为包括以下环节：

1. 教学内容分析。

2. 学情分析。

3. 目标分析。

4. 教学方法选择。

5. 教学媒体、教具准备。

6. 教学过程设计。

7. 教学设计反思。

（二）数学教学目标的设计

数学教学目标是数学教学设计的核心，是数学教学的起点和终点。义务教育数学课程标准（版），把数学教学的总体目标和学段目标分为四个方面：知识技能、数学思考、问题解决、情感态度。

章建跃在"数学教学目标再思考"内容中，进一步澄清了对数学三维教学目标的认识。针对目前数学教学目标存在的一些"分类混乱、表述不明确、套话连篇"等问题,提出数学教学目标的层次性,即由教育目的到数学课程目标再到单元目标最后是数学教学目标。并指出制定数学课堂目标应注意的几个问题:目标的主体是学生;目标应与内容相结合,避免空洞;选择合适的动词分层次明确表述目标。

何小亚认为:数学课堂教学目标可以从知识与技能、过程与方法、情感态度与价值观纬度进行设计,并且对每个纬度的目标应该如何写作做了较为详细的叙述。

方勤华在"透视数学优质课教学目标设计"内容中,论述了确立"三维目标"的必要性,认为三维目标不是孤立的,而是一个有机联系的整体,提出应重视情感目标的书写。牛献礼在关于"数学教学目标的思考"内容中,论述了数学课时目标与课程目标的关系,认为数学课时目标的制定应由上而下,先分析课程目标再到单元目标,最后是课时目标的制定。

综上可见,数学教育者都非常重视数学教学目标的设计。在数学教学三维目标的确认和教学目标的制定与执行中存在的问题等方面都做了深入研究。

（三）教学媒体的设计

教学媒体的设计是数学教学设计中不可缺少的环节,教学媒体包括教材、黑板、投影仪、教师自制教具、计算机等在教学过程中传递教学信息的载体和工具。奚定华在《数学教学设计》一书中对数学教学媒体选择的原则和方法做了详细的阐述,并详细介绍了几种数学教学媒体的设计。很多有关数学教学设计的文献中对教学媒体的设计都有所涉及。例如,潘小明从教学活动几个主要环节:教学内容的分析和教学目标的确定,教学程序和方法的优化,教学媒体应用方式的设计、选择和利用,师生数学活动互动方式的设计等,探讨了如何运用教学媒体优化数学课堂教学,以计算机为核心的现代信息技术对数学教学产生了很大的影响。新课程理念指出,要把信息技术作为学生学习数学的工具,注意它与课程内容的整合,合理利用现代信息技术有效地改善教与学的方式。一些教育工作者就信息技术与数学教学的整合进行了研究，如方勤华、孙名符对信息技术环境下数学课堂教学设计的实效性进行了研究，并提出了几条提高数学课堂教学设计实效性的策略。

我们认为应当用一种辩证的观点去看待教学媒体在数学教学中的作用。不能走过分忽视或夸大的两个极端，选择合适的教学媒体并合理地应用，对于一个成功的教学设计极为重要。

（四）数学教学设计的评价

所谓评价即指对被评价对象的作用或价值做出判断。数学教学设计评价对数学教学设计成果进行判断并进行修改和完善。数学教学设计评价是数学教学设计过程中必不可少的一个环节。方均斌认为，数学教学设计评价按评价主体可分为自评和他评，按评价执行的时间分为设计执行前评价和设计执行后评价。何小亚也对数学教学设计评价的类型和评价内容进行了思考归纳，认为数学教学设计评价可分为形成性评价、诊断性评价、总结性评价、定量评价和定性评价。数学教学设计的评价内容主要包括：对数学教学设计的评价，对教学内容处理的评价，对数学教学方法、策略、模式选择与运用的评价，对数学教学媒体的选择与应用的评价，对数学教学设计方案的评价。

延洲从五个方面对数学教学设计评价展开思考：教学目标是否明确、教学内容是否翔实、教学方法是否灵活、教学效果是否达到要求、教师素养是否优良。数学教学设计评价应该贯穿教学设计的整个过程，一个优秀的教学设计往往要经过设计—评价—修改—设计的多次反复才能逐步完善。

四、初中数学教学设计的基本内容

（1）分析教学需求，确定教学目标（教什么），亦即教学目标设计。这是教学设计的关键所在，通常需要分析和设计学习背景、学习需求、学习任务。

（2）设计教学策略（如何教），亦即教学策略设计。在设计时，从整体把握教学策略，融会贯通地理解和运用多元化的教学策略，根据学生的实际状态，创造性地组织教学，设计出具有特色、符合教师自身特征及实际教学背景的教学策略。

（3）进行教学评价（教得如何），亦即教学评价设计。主要有四种比较典型的教学评价模式：决策性的评价模式、研究型的评价模式、价值性的评价模式、系统性的评价模式。

五、 初中数学教学设计的实施过程

一般地，进行初中数学教学设计要对学习需要、学习内容、学习者、学习目标等几个要素进行分析。这里着重介绍分析：

（一）学习需要分析

学习需要指初中生目前的状况与期望达到的状况之间的差距。分析学习需要的主要目的在于：发现教学中存在的问题；分析问题产生的因素，以确定初中数学教学设计能否解决；分析现有资源及约束条件，以论证解决问题的可行性；分析问题的重要性，确定优先解决的问题。

通常情况下，分析学习需要的方法有内部参照分析法和外部参照分析法。内部参照分析法是以学习者所在的组织机构、内部已经确立的教学目标为参照标准来考查学习者之间的差距，从而确定学习需要的一种分析方法。

采用内部分析法确定学习需要，一般有以下几种渠道：设计测试题、问卷等让学生回答，通过对其结果的统计、分析来获取期望的信息；查阅学生近期的学业成绩和表现记录材料；对与学生有密切关系的人员进行访问和座谈。

外部参照分析法是指根据社会需求为参照标准，考查学习者之间的差距，从而确定学习需要的一种分析方法，这种方法在初中数学教学设计中偶尔使用。

（二）初中生特征分析

初中生作为教学过程的主体，需要通过积极主动的学习，获取丰富的知识、技能和行为经验，完成学习过程。初中数学教学设计是针对教学中的问题而设计，但最终目的还是为了解决这些问题。因此，分析初中生特征就变成初中数学教学设计工作中非常必要和重要的环节。对初中生的分析包括一般特征分析、学习风格分析和初始能力分析。

初中生的一般特征指初中生的先天因素与环境、教育相互作用下形成的，对学生产生影响的生理、心理及社会等方面的特点。它涉及初中生的年龄、性别、心理发展水平、学习动机、人格因素、生活经验以及社会背景等诸多方面，了解这些内容对初中数学教学设计很有帮助。对学生一般特征的分析方法主要是观察法、调查法、查阅文献法等。学习风格分析、初始能力分析，一般侧重于对学生个性化学习情况进行分析。

总之，现代意义下的教学设计更多地强调围绕学生的"学"而设计，通过创设恰当的情境，让学生实现有意义的建构，让学生进行再创造。从而，教学不再被看作纯客观知识的传递过程，也不再是一种完全按照事先确定的步骤进行的固定程序，而主要是学习者的再创造过程。教师对学生在学习过程中产生的错误采取较为容忍的态度，并通过师生的共同努力和学生积极和主动地参与，消除错误，获得理解性的掌握和全面性的发展。

在新的教育理念下进行教学设计，主要关注以下几个基本环节：

首先，要正确把握新的教育理念，其核心部分是，数学教学是教师引导学生进行数学活动的教学；教师的职责在于向学生提供从事数学活动的机会，在活动中激发学生的学习潜能，引导学生积极从事自主探索、合作交流与实践创新活动等。

其次，在真正理解新理念的基础上，必须依据学生的实际，创造性地使用教材，让学生经历知识的形成、发生发展过程及应用过程；对于教材中需要学生完成的任务，如归纳法则（方法）、描述概念（定义）、总结所学内容结构等，首选鼓励和激励策略，即鼓励学生通过独立思考与合作交流去给出答案。而后，教师在学生充分活动的基础上，介绍规范的表述，而不宜要求学生都机械记忆规范的表述。

再次，根据学生的认知特点和所学知识的特征，灵活采用多种教学形式，促进学生有效地学习。

最后，根据课堂实际的实施情况，及时反思自己的教学行为，适时改进教学。

第二节　初中数学教学设计起源与发展

一、教学设计的起源

教学设计的起源可以追溯到第二次世界大战军需人员的培训。随着时代的发展，教学设计更加系统和实用，在20世纪70年代教学设计正式成为一门学科后，教学设计从此不断受到教育工作者的关注，关于教学设计的重要性和实用性也在吸引着教育工作者不断深入地对其进行研究，由此所提出的关于教学设计的定义也随着深入的研究、时代的发展进行更改和充实。国外对于教学设计进行的研究起步较早，比较具有代表性的学者也很多，包括加涅、梅瑞尔、赖格卢特、瑞格鲁斯等。教学设计也在我国获得了蓬勃的发展，我国教育工作者加强了对教学设计的研究，理论性论文与实践性论文层出不穷，不断有学者投身到教学设计的理论研究中去，比较具有代表性的学者包括：乌美娜、何克抗、皮连生等，都为我国教学设计的发展做出了不可磨灭的贡献。

20世纪50年代以后，教学设计的研究逐渐发展成一门综合性的学科，一直到20世纪80年代中期教学设计理论被引进国内。教育系统作为社会的一个子系统，每一种教育理论的发展都和时代发展的脚步紧密相关。现今所处的时代是信息时代，同时也是"设计的时代"，这个时代特征作用于我们的教育，使教育理念、教育方式、教育模式都发生了巨大的变化。美国教育技术专家梅瑞尔认为：第一代教学设计是建立在加涅的学习条件理论基础上的传统教学设计理论，在他的文章"第二代教学设计"中列出了第一代教学设计的九大缺陷，并分析了在这些缺陷局限的基础上提出了第二代教学设计的思想。因此，梅瑞尔认为，第二代教学设计是建立在认知心理学和建构理论之上的，他最基本的假设就是学生的认知结构，是由具有整合性的心理模型构成的，所以，第二代教学设计是以知识为对象，而不是以学习为对象的设计。从教育理论基础来看，教学设计经历了行为主义教学设计理论、认知主义教学设计理论和正在探索研究中的建构主义教学设计及理论。

二、我国教学设计的发展与反思

教学设计（Instructional Design，简称 ID）一般又称为教学系统设计（Instructional System Design）、教学开发（Instructional Development）、教学系统开发（Instructional Systems Development），起源于 20 世纪 40 年代的第二次世界大战，1962 年格拉泽提出了"教学设计"概念，以及如何对教学系统进行设计，标志着教学设计作为一门学科正式诞生。

教学设计作为一门新兴学科，20 世纪 80 年代末，从美国引入中国，其中有代表性的著作有乌美娜的《教学设计简介》、钟启泉的《从现代教学论看教学设计原理与课题》。在 20 世纪 90 年代，随着教育改革的不断深入及教学论、教育心理学、电化教育等学科研究成果的不断涌现，我国的教学设计理论研究由引进逐渐进入了理论探索研究阶段，教学系统设计课程开始进入课堂，不少结合中国教育实际的学术著作纷纷出版，主要有：《教学媒体与教学设计》《教学设计》《教学设计的过程与方法》《多媒体组合教学设计》《电化教育与教学设计》《教学设计 —— 基本原理和方法》《教学设计》。从 1994 年开始，教学设计更趋向于应用和实践的研究。例如：教学设计在电视教材编写中的应用、教学设计在远程教育中的应用、教学设计在教育软件开发中的应用、教学设计在培训领域的应用等。20 年的发展虽然短暂，但在指导思想、理论框架、模式构建和应用领域方面都取得了新的进展。

随着信息技术的发展，建构主义学习理论从 1997 年起逐渐被人们认识和接受，并日益显示出强大的生命力，我国也开展了基于建构主义学习理论的教学设计研究。例如：何克抗教授 1997 年将以教为主的教学设计模式和以学为主的教学设计模式结合起来，取长补短，提出了"学教并重"教学模式和"主导 - 主体"教学设计模式，促进了教学设计理论的发展；2002 年何克抗、郑永柏、谢幼如合作编著了面向 21 世纪教育技术学专业主干课程之一——《教学系统设计》；2003 年，谢幼如教授承担了全国"高等教育百门精品课程教材建设计划"的立项研究项目"教学设计立体教材的研究与开发"。这些都促进了教学设计的发展，使教学设计的理论与实践都不断走向成熟。

我国教学设计研究在经过 20 年的历程之后，无论在理论研究方面还是实践方面，都有了一定的发展，但是目前发展还不成熟。原因有以下几个方面：

（1）研究机构是评判一门学科（或课程）发展是否成熟的重要标志之一，目前国内教学设计没有专业的学会和研究机构支持。

（2）虽然发表的教学设计文章有所增多，但还没有教学设计刊物出版。

（3）学术交流活动虽有所增多并取得了一定的成效，但还没形成专门的教学设计研讨交流机制。

（4）教育技术学作为教育学领域内一门独立的分支学科，已建立起了自己的学科体系，而教学设计还没形成完整的学科体系。

（5）在国内各高校教育技术学专业中，教学设计只是该专业的主干课程，还没有相应的专业课程支撑。

在所查到的近几年博士论文中，所做的研究基本上是基于某种教学设计模式或强调教学设计的某个方面，例如：

张广兵作博士论文《参与式教学设计研究》，围绕"参与式教学设计是什么""是否有必要开展参与式教学设计""参与式教学设计的性质与特点如何""开展参与式教学设计的现实情况如何""如何开展参与式教学设计"以及"参与式教学设计的实际效果如何"六大问题开展了理论与实践研究。

陈亮的博士论文《体验式教学设计研究》，在对体验式教学设计的理论基础、系统建构，以及体验式教学设计思想在数学领域的实验验证进行透彻剖析与深入研究的基础上，总结出了体验式教学设计的四大基本原理：一是，体验式教学通过"为实践而教"，使学生"为实践而学"，并且在实践中"学会成事""学会成人"的教学系统，由此演绎出体验式教学目标设计的"实践化成原理"；二是，体验式教学教师与学生之间不断相互适应的复杂适应系统，由此演绎出体验式教学师生关系设计的"互适应原理"；三是，体验式教学是无序与有序交替预演而涌现的自适应系统，由此演绎出体验式教学系统设计的"自组织原理"；四是，体验式教学具有整体情境与动力作用的教学系统，由此演绎出体验式教学情境设计的"心理场原理"。

胡小勇作博士论文《问题化教学设计》时，阐述了问题化教学环境设计、过程设计、教学资源设计、教学评价设计。

李锋作博士论文《基于课程标准的教学设计研究》时，建构了基于标准教学设计的方法和过程。基于标准的教学设计是一种融课程标准、学习评价和教学活动为一体的设计过程，为教师提供了一种理解课程标准、解析课程标准、应用课程标准的新视角，具体表现在三个方面：一是依据"课程标准"界定学习目标，保持标准与学习目标的一致性；二是评价设计先于教学活动的设计，体现评价促进学生学习的理念，保持学习目标与学习评价的一致性；三是依据学习目标设计教学活动，通过学习评价调整、补救课堂教学，确保学习目标的实现。基于标准教学设计的三个环节相互衔接，循环往复，将评价和教学统一起来，保证了课程标准和教学实施的一致性。

彭兵作博士论文《基于学习对象的教学设计模型研究》时，以计算机专业为载体，提出了一个基于学习对象教学设计模型，扩展精加工模型（EEM），与为数不多的现有模型比较，EEM 具有相对的完整性和系统性。通过这个模型，本书对学习对象的颗粒性和重用性等基本问题进行了探讨，提出了学习对象颗粒度与教学内容的整体性和认知技能之间有着紧密联系的教学论观点。

整体而言，虽然都有相对严格的理论体系，但对于教学设计都提出了自己的一个侧重点和拓展方向。这些论文都把教学设计看作一个决定论的、理性的、逻辑的和程序化的过程。但是这种假设与教学实践中教学设计工作的复杂性相比，其确定性很值得怀疑。绝大多数研究教学设计的文献，基本上反映的是专家的看法，并非是系统调查研究的结果。当实际的设计过程或结果不成功时，却常归咎于设计者对设计理论执行不力或教学设计作为一门科学还不够成熟。

以专家为驱动的传统教学设计研究，不仅是象牙塔式的，忽略实际教学设计行为的研究，而且貌似权威的理论使得实际的教学设计者唯专家观点是从，丧失了自身的设计主体性与创造性。在实际教学中课堂教学设计活动是一个具有直觉性和创造性的过程。由于其创造性，设计不可能自始至终地按既定规划进行。在设计过程中，设计者基于目标导向的逻辑思维，对各种设想进行权衡、测试和取舍，这是一种难以用语言表达和逻辑规定的活动。中学教师希望对教学设计的具体指导，这些偏重理论的研究对于实际教学设计，特别是课堂教学设计缺乏直接的指导，很遗憾目前的研究在实际操作和具体指导方面还很不成熟。

第三节 初中数学教学设计的理论依据

一、信息传播理论

人类对信息传播理论的研究开始于20世纪40年代，研究的内容是从"新闻传播"转移到"信息传播"。信息传播理论的核心部分是信息传播模式。信息传播模式有很多，这里主要介绍拉斯威尔（H.Lasswell）的"五W"论和贝罗（D.Berlo）的传播模式。

（一）拉斯威尔的"五W"论

拉斯维尔认为，要了解什么是传播，只需回答"五W"，分别是：

Who——谁，即教师或其他教学信息源。教师负责提供和发送教育信息，担当译码者、解释者和编码者三重角色。

What——教学内容，即教育信息。教育信息是系统的知识和经验。教育信息本身不能直接传递，必须借助一定的物质形态。它显示着教育传播特点与功能的基本要素以及教育传播系统各要素之间的相互作用。

Which——通道和媒介。通道是指教育信息形成后通过哪种教学渠道，由一方传送到另一方所建立的联系方式。媒介是教育信息的载体，是通道中的重要成分。

Whom——教学对象，即受教育者。受教育者是施教的对象，也就是教育信息的接受者，学生在一定的程度上是与教师对等的主体，因此，学生同样担负着三重角色，承担接受教师知识信息，并接受和收集其他教学信息，对信息进行加工，实践应用和有意识地反馈等任务。

With——达到怎样的教学效果。可以把教学效果理解为教学者所传递的教学内容到学习者而引起学习者思想、知识结构等的变化。

这些信息传播过程的要素，自然也是教学设计所关心和考虑的重要因素。例如，在教学过程中，教师怎样设计教学过程、分析教学内容和教学对象、制订教学策略、如何根据具体教学内容使用教学媒体，对教学效果进行评价等。"五W"模式虽符合教育传播过程，但它忽略了教学过程中的信息反馈以及各个要素之间的动态联系。

（二）贝罗的传播模式

贝罗的传播模式把传播过程分解为四个基本要素：信息源、信息、通道和受传者。该模式清晰地说明了在信息传播过程中，影响和决定信息传播的效率和效果的因素是多方面的、复杂的，各因素间既相互联系，又相互制约。

人类的传播活动是非常广泛的，每时每刻都在进行着，传播虽不一定都是教学活动，但教学活动一定是一种传播。贝罗模型现在常被用来解释教育传播过程，给教育传播研究提供了一些结构性因素的考虑，对研究变量的设计和决定具有一定的指导意义。

贝罗模式的出现，把人们的注意力从"物"引向人，从信息源转向受传者。它还揭示了教育传播的规律。它的构成要素比较容易理解，而且它的运行过程很好地说明了传播的本质。但是它也存在一些缺陷，教育传播过程不仅是一个传递教育信息的过程，也是一个促进受教育者全面发展的过程，而且贝罗的传播模式是单向和线性的，缺少反馈环节。以传播理论为基础的教学设计模式，与其说是体现教学设计创造性的一面，不如说更多地反映了其艺术性的一面。教师想要成为一个良好的传播者，有效地传播知识、技能，改变学生的思想、行为，就必须掌握传播理论与方法。为了提高教育传播的效果，必须关注和研究各方面的因素，进行有效的教学设计。

二、现代学习理论

行为主义学习理论认为学习的本质是在一个特定的刺激与一个特定的反应之间建立联系的过程，并强调这种联系的强化和维持。美国心理学家——约翰·华生在20世纪初创立了行为主义学习理论，他认为人类的行为都是后天习得的，环境决定了一个人的行为模式，无论是正常的行为还是病态的行为，都是经过学习而获得的，也可以通过学习而更改、增加或消除。斯金纳更是将行为主义学习理论推向了高峰，他认为心理学所关心的是可以观察到外表的行为，而不是行为的内部机制，把研究的任务确定为寻找实验者控制的刺激，继之而来，有机体反应之间的函数关系。

行为主义学习理论重视客观行为与强化的观点等思想对教学设计产生了极其深远的影响，但是行为主义理论把学习看成是机械的、被动的，否认人的主观能动性，使得这个理论日渐苍白，20世纪60年代末期到70年代这一时期，行为主义学习理论渐渐被认知主义学习理论所取代。

认知主义学习理论以布鲁纳的发现学习、奥苏伯尔的意义学习、布鲁姆的掌握学习、加涅的累积学习为理论基础，认为自我意识对学习有重大的、不可忽视的作用，应当将心理过程和外显行为结合起来研究。美国当代著名的认知心理学家布鲁纳认为：学习就是人们利用已有的认知结构，对新的知识经验进行加工改造并主动形成新的认知结构的过程，所以，他认为学生不是被动的知识接受者而是积极的信息加工者。加涅的累积学习理论也称之为学习的层次理论，他采用信息加工模式，把学习的信息加工过程分解成八个阶段：动机、领会、习得、保持、回忆、概括、作业、反馈，并把教学过程中的各项工作与其一一对应起来，并强调教师的指导作用。

建构主义学习理论认为学习是个体基于已有的学习基础，在一定的情景下，通过主体和客体之间的互动，积极主动地构建个人心理意义的过程，即强调学生的认知主体作用和教师的指导作用，是认知主义的进一步发展。进入 20 世纪 90 年代后，建构主义思潮迅速流行，建构主义教学设计强调以学生为中心，注重教学中师生之间、生生之间的互相作用。

人本主义学习理论以马斯洛和罗杰斯为代表，认为教育的作用只在于提供一个安全、自由、充满情意的心理环境，认为人的潜能是自我可以实现的，而不是教育的作用，所以坚持人本主义：教学目标 —— 自我实现，教学过程 —— 自由发展，教学原则 —— 真诚、信任和理解。教师要以教学理论为指导，结合教学工作实践，才能从根本上理解教学的本质，这些理论为数学教学设计提供了直接的理论支持。

第四节　初中数学教学的功能意义

进行数学教学的目的，从本质上来讲，不在于或不单单在于培养多少数学家、数学才子。而在现在看来，培育人的数学思想和解决问题的方法，开拓头脑中的数学空间，促进人的全面发展和提高是极为重要的。具体来讲，现在的义务教育阶段的数学强调从学生已有的生活经验出发，让学生亲身经历，将实际、抽象、难解的数学题目进行解释与应用的过程。

从而使学生在掌握数学知识的同时，在各个方面都得到良好的发展。下面就从四个方面进行探讨分析数学教育的意义。

一、学习数学能够使学生的智力结构得到发展

智能结构是数学教育所培养和形成人的素质中的主要组成部分。学生通过数与计算、空间与图形、量与计量、统计与概率、方程与关系等各方面的

学习，从而来观察和了解现实世界，是学生充分认识到数学是从人类实践活动中产生和发展起来的，同时又广泛地应用于实践。例如，有一位数学教师在给学生传授"二次根式加减法"的时候，重点让学生明确二次根式加减法的前提条件是找同类二次根式，只有同类二次根式才能进行加减运算。例如：非常形象地把这一问题说成是"牛羊问题"，把被开方数相同的两类分别命名为牛群和羊群，从而在合并同类项的时候就只需把牛群关进牛圈、羊群关进羊圈，即（$\sqrt[3]{5} - \sqrt[3]{5}$）+（$\sqrt{3} + \sqrt{3}$）。这样一来，学生就很容易明确，找同类二次根式的本质就是被开方数相同，这样，使学生更加深刻地对同类二次根式铭记在心。

思维品质是智能素质的内核其表现为思维的灵活性、严谨性、批判性、广阔性及创造性。

灵活性表现为不过多地受思维定式的影响，能够准确地调整思维的方向。因此，我们在教育教学的过程中通常提倡的是一个问题用多种方法解决，也是培养思维的一个途径。例如：在学习了平行四边形判定定理1（两组对边分别相等的四边形是平行四边形）和判定定理2（两组对角分别相等的四边形是平行四边形）后，要证明定理3和定理4的时候就可以采用定义证明法、定理1或定理2多种方法进行证明。

严谨性表现为考虑问题细心，有理有序，在数学中问题的解决可以用直观法，但应当鼓励学生不停留在直观的认识水平上，可以运用合情推理。但一定要注意紧密计算、有理有据、逻辑性强。

批判性指对有的数学表述或定理论证敢于提出自己的看法，而不是毫无目的、一问盲从的接受。

广阔性指一个数学事例或问题能够做出多方面的解释，能用多种形式表达、解决问题。例如：要描述两直线平行可以从多方向进行解释定义：第一，文字表达：直线 m 平行于直线 n；第二，数学用语：m//n。

创造性指思维活动的创新程度，分析解决时的方式、方法和结果的新颖、独特，善于发现和解决延伸问题，是创造性思维的一种体现。

这样看来，这些良好思维品质的形成，必须逐步提升为一种创造新意识和创造能力，对数学教育，特别是中学生数学教育，有着极大的意义。

二、钻研数学能够健全学生心理素质

决定一个人成败的关键，并不真正取决于他们智商的绝对高下，而在更大程度上依赖于他们心理素质的优劣。也可以这样说，一个人的心理素质是否适应环境，是赢得学习和生活的必要条件，它对人的素质形成起着平衡调节作用。

数学的抽象性使得解决数学问题时经常会遇到许多困难，使学生经常体验到挫折和失败，而这正是打磨心理品质的良好时机。有这样的论述："如果学生在学校里面有机会尝尽为求解而奋斗的喜怒哀乐，那么他的数学也就在最重要的地方失败了"，这样看来，愈挫愈勇、百折不挠的良好心理素质是不会在温室中形成的。

三、感知数学能够增强学生的审美意识

自古以来，数学就吸引着人们的注意力，它不同于自然美和艺术美，数学是一种理性美，没有一定的数学素质人是无法体验发现到的。勾股定理以一个简单整齐的形式表达了一切直角三角形边长之间的关系，其解法与概括给人以美的享受；黄金分割点，出现的比例关系，解决了多少女性朋友适合的穿衣问题，令人赏心悦目。

还有许许多多数学命题结构上的对称，给人以最好的启发，这些都是数学的美。所以说，感知数学、学习数学能够增强学生的审美意识。

四、新课标下初中数学教学的育人功能

新的课程标准把德育教育放在十分重要的地位，并指出"结合数学教学内容和学生实际对学生进行思想品德教育，逐步树立科学的世界观和人生观

是数学教学的一项重要任务"。这充分说明了德育教育在整个教育教学中的重要地位，也对新课程标准下的数学教育提出了新的挑战。

（一）以数学史育人

每一项数学成果是一部动人的史话。数学史是几千年人类文明史的一个重要组成部分，和其他自然科学相比，数学有其独特之处。一百多年前，德国数学史家汗克尔就形象地指出过数学和其他自然科学的显著差异，他写道："在大多数学科里，一代人的建筑为下一代人所摧毁，一个人的创造被另一个人所破坏。唯独数学，每一代人都在古老的大厦上添砖加瓦。"

可以说，数学是积累的科学，它本身就是历史的记录，或者说，数学的过去融化在现在与未来之中。通过学习数学史料和数学史知识，能使学生开阔视野、启发思维，增加学习兴趣。尤其是我国古代数学家取得杰出成就的故事，更是一部弘扬爱国主义精神、催人奋发的好教材，可以激发学生的民族自尊心和民族自豪感。

（二）以数学美育人

培根说："美中之最上者是图画所不能表现，初睹所不能见及者。"数学不能立刻唤起人们的美感，不能一眼就看出它的审美价值。特别是对中学生而言，他们受阅历、知识水平、审美能力等条件的限制，很难把审美客体的真正意蕴充分体味出来，这就需要我们不断地深入采撷审美内容，不失时机地加以引导，使他们领略到数学中的内蕴的一种独特美的品质。这对于开发中学生的非智力因素的领域、培养创造美感、发展智力品质、造就一代合格人才，会起到不可估量的作用。

数学中处处存在美，只要认真挖掘就可以发现相当可观的美育资源。一些学者把数学美归结为简洁美、对称美、和谐美和奇异美。我们分别就这四方面做一些讨论和分析：

1. 简洁美

人们在日常生活中，常以"成千上万"来形容多，再多就是"百万""千万"，更多则是"亿万"。可是，数学能做出更简洁也更明确、更有力的表示。

从微观来说，日常语言之中，"失之毫厘，谬以千里"，用一毫一厘来形容微小，还有形容体积之小的、时间之短的、距离之近的，但是没有比"10～15""10～45"这样一些表达更能说明问题，更简洁、明了。

2. 对称美

在日常生活中，我们可以看到许多对称的图案、对称的建筑物，绘画中也往往运用对称的手法。在几何图形中，有所谓点对称、线对称、面对称，球形既是点对称的，是线对称的，还是面对称的。古希腊学者认为："所有立体图形中最美的是球形，所有平面图形中最美的是圆形。"这种赞美，其原因很可能是基于球形和圆形的对称性和匀称性。

3. 和谐美

统一、和谐，这是数学美的又一侧面。对称也可说是和谐的表现之一，但统一、和谐有更广泛的表现。矩阵、行列式在代数中起多方面作用，它在几何研究中也起作用，它把几何图形的某些内在联系揭示得更清楚，这是代数与几何和谐、统一的进一步表现。

4. 奇异美

数学中的奇异是吸引许多人喜欢数学的原因之一，奇异有时与稀罕联系在一起，人们也因此而特别愿意考查它、了解它、研究它、欣赏它。

课堂教学中通过精辟的分析、形象的比喻、巧妙的启发、严密的推理以及生动的语言、精心的板书等诸多方面体现数学中美的神韵，让学生得到美的熏陶和享受。因此，教学时要及时抓住时机，有针对性地点拨引导，让学生学会对数学美的鉴赏。从某种意义上讲，任何一个数学问题的解决过程都可以看成是一个审美、赏美的过程，学生在其中感受到了愉悦，完善了品德。

（三）以数学中的唯物辩证法育人

数学是研究空间形式和数量关系的一门科学。虽然在纯粹的数学知识中，并不带有明显的德育色彩，但我们知道唯物主义和辩证法是科学世界观的核心部分，而任何数学知识的形成都离不开对客观世界的探索。例如：正与负、有限与无限、常量与变量、函数与反函数、数与形都是灌输对立统一、否定之否定、量变与质变等辩证思想的极好教材。同时，实数与虚数的关系亦如此，它们既对立又互相依存，没有虚数就无所谓实数，它们又统一于复数 a+bi 之中。而且在一定条件下，实数与虚数可以互相转化，实数 b 乘以 i 转化为虚数，虚数 bi 再乘 i 又转化为实数。客观世界是一个运动、变化、发展的对立统一体，作为反应客观世界数量关系变化规律性的数学，必然充满着辩证法。因而，中学数学中蕴涵着极其丰富的唯物辩证法因素。以正确的观点阐述教学内容，不仅有利于学生对数学知识的掌握，而且有助于科学世界观的形成。

（四）以数学的严谨性育人

数学是逻辑性很强、思维高度抽象的学科，数学中一些概念的界定、法则的运用、结果的验证都有相当严格的要求和规定。在数学中经常接触的是数字和图形，数字不能有一点错、图形要力求完美、符合要求，这些要求都要促使学生严格要求自己，凡事都要认真仔细，干工作要有条有理，对计算结果要负责任。

因而，学生学习数学的最终目的绝非单纯是为了获得相关的知识，更重要的是通过学习接受数学精神和思想方法，将其内化成自己的智慧，使思维能力得到提高、情操修养得到陶冶，并把它们迁移到工作、学习和生活的各个方面。

总之，一个全面发展的人，既应掌握丰富的知识，又应具备高尚的人格。寓德育于数学教学之中，要求自然渗透、隐而不露，提高渗透的自觉性、把握渗透的可行性、注重渗透的反复性。结合学生思想实际和知识的接受能力，点点滴滴、潜移默化，以达到德育和智育的双重教育的目的。

第二章 初中数学教学情境的创设

第一节 教学情境创设的概述

一、情境

情境与情景同义，《现代汉语词典》解释为具体场合的情形、景象或境地。从中可以看出，无论什么情形、景象或境地，都必须是具体的。

情境心理学认为，情境就是影响个体行为变化产生行为或改变行为的各种刺激，包括物理和心理所构成的特殊环境。它与意境不同，情境是客观的、具体的自然环境或社会环境，而意境则是主观的精神境界。情境在激发人的某种情感方面有特定作用，例如，在比赛中对方的强弱、观众的反应如何，对运动员的情绪状态有不同的影响，这是由于情境的不同所致。这就是说，所谓情境是指对人引起情感变化的、具体的自然环境或具体的社会环境。

情境可以是真实的场景，也可以是真实环境的"虚拟"代用品，或者多媒体网络等，这要视教学的具体情况而定。

二、情境教学

教学可以理解为教师和学生以课堂为主渠道的交往过程。因此，情境教学就可以看成是教师和学生以情境作为主要交往中介的课堂教学，这种教学是在教学过程中教师有目的地引入或创设与教学内容相适应的场景或氛围，以引起学生积极的态度体验、行为体验，激活学生的情境思维，帮助学生迅速而正确地理解教学内容，从而激发和吸引学生主动理解知识，并对知识进行意义建构。

可见，情境教学是一种与创新教育相适应的教学方法，学生在情境中获得具体的感受，从而激发其相应情感，教师由此引导学生关注教学内容，产生积极的态度倾向，进而刺激学生思考探究的需要，培养其独立探究、解决问题的能力，发展其创新思维。

数学情境：就是从事数学活动的环境，产生数学行为的条件。从它提供的信息，通过联系、想象和反思，发现数量关系与空间形式的内在联系，进而提出问题、研究问题、解决问题的策略和方法。同时伴随着一种积极的情感体验，其表现为对新知识的渴求、对客观世界的探索欲望、对数学的热爱等。

数学课堂情境：就是呈现给学生刺激性数学信息，引起学生学习数学的兴趣，启迪思维，激起学生的好奇心、发现欲，产生认知冲突，诱发质疑猜想，唤起强烈的问题意识，从而使其发现和提出数学问题、分析和探索数学问题、运用所学知识解决数学问题。

三、数学情境设计的必要性

（一）新课程标准下数学教学观的要求

新课程标准指出，数学教学是数学活动的教学，是师生之间、学生之间交往活动与共同发展的过程。在数学活动过程中，学生与教材及教师产生交互作用，形成了数学知识、技能和能力，发展了情感、态度和思想品质。

（二）从学生学习方式上的认识

现代教育理念认为，有效的数学学习活动不能单纯地依赖模仿与记忆，动手实践、自主探索与合作交流是学习数学的重要方式。为使学生的动手实践、自主探索与合作交流能够顺利开展，作为数学学习组织者、引导者与合作者的教师就应创设一个学生感兴趣的，与他们数学学习有联系的数学情境。

四、数学情境设计的心理学基础

现代教育学的研究已表明，学生对学习具有如下三个显著倾向：

（1）对处于自己最近发展区的知识最感兴趣。

（2）对掌握主动权的知识很感兴趣。

（3）对学习具有鲜明的情感。

因此，在设计教学情境时要特别注意这三点，要使学生在数学情境中掌握学习的主动权，处于一种自主探索知识的状态，让他们体验到跳一跳才能够得着果子的成功之感，产生一种满足、快乐、自豪的积极情绪体验，从而增强学习的信心，提高学习兴趣，产生自我激励、自我要求上进的心理，并使其成为进一步学习的动力。

五、数学教学情境的几种类型

（一）数学问题情境

即通过一定的问题引起学生的认知冲突、激发学生的求知欲，使之产生非知不可的要求。于是，在教师的引导下，学生主动地探索知识、解决问题。如在"负数的引入"一节可设计如下情境：某班举行知识竞赛，评分标准是：答对一题得 10 分，答错一题扣 10 分，不回答得 0 分；每个队的基本分都是0 分。四个队答题情况如表 2-1：

表 2-1　知识竞赛答题情况

	第 1 题	第 2 题	第 3 题	第 4 题	第 5 题
第 1 队	对	错	对	对	没回答
第 2 队	错	对	没回答	对	对
第 3 队	对	对	错	错	没回答
第 4 队	对	错	对	错	错

每个队的最后得分是多少？你是怎么表示的？与同伴交流。在这个问题情境中，学生大多有这样的生活经验，因此他们急切地想给每个队打分，但是有的队答错的题比答对的题还要多，他们应该得多少分？如何表示？学生们陷入了认知冲突中，这时负数的引入已水到渠成。

（二）数学故事（或数学历史）情境

在人类发展的历史中，产生了许多值得赞扬、脍炙人口的数学故事和数学家轶事。在设计数学教学情境时，可充分挖掘数学史料，利用这些丰富的文化资源创设数学情境,这不仅能激发学生的求知欲望,还能从中学习数学知识、领略数学家的人格魅力、接受思想教育,如在讲"勾股定理"这一节时,可以向学生讲这样一则故事:如果在宇宙除了人类还有其他文明,人类应如何同他们交流?我国著名数学家华罗庚指出,勾股定理最能代表人类的文明,如果宇宙中还有其他文明的话,接收到这个信息,就会向人类发出回应。听了这个故事,同学们肯定会急切地想知道,勾股定理的内容到底是什么?从而为学习新课做好了铺垫。

（三）实验情境

根据皮亚杰的活动内化原理,低年级学生学习数学的有效途径是使他们去动手操作。通过设计的实验,把抽象的理论具体化、直观化,使学生通过动手、观察、分析等活动,把数学知识内化,从而形成自己的知识结构。

在"圆周角"一节中,可设计实验情境如下,让学生进行以下操作:

（1）做已知圆的任意一个圆周角。

（2）再画出这个圆周角所夹弧对的圆心角。

（3）分别量出圆周角与圆心角的度数,你发现了什么?

（4）再任意做一个圆周角,是否还能得出上面的结论?

通过动手实验,学生已能总结出本节课所要学的关于圆周角的结论,即一条弧所夹圆周角是它所夹圆心角的一半,下来的问题就是如何来证明了?课堂引入自然顺畅。

（四）活动情境

活动情境即通过组织学生进行与数学知识有关的活动或游戏,构建数学情境,使学生在活动中提高学习数学的兴趣、掌握数学知识、感受数学的情趣。如在学习完"有理数的运算"一节,如何对学生进行运算能力的训练?如果做大量枯燥的计算题,会让学生感到厌烦,这时可以让学生进行"24点"的游戏,这样不仅使学生熟悉了有理数的运算,也能开发了学生的智力。

六、数学情境创设的意义

从本质上来讲,数学学习的终极意义就是能够对相关知识进行生活化的运用。但是这一点在一定程度上取决于学生的领悟程度，只有对知识的理解更为透彻，在具体运用过程中才能够更加熟练准确。在数学教学中具体运用情景教学，严格讲是一次大胆尝试，因为这种教学方式在语言课程的具体学习中应用的最为频繁，通过情景来促进学生对相关词汇以及内容具象化理解，从而形成良好的语感。但是随着素质教育的浪潮，情景教学已经作为一种具有先进色彩的理念，被在各科目中推广应用，同时在数学教学中也开始得到应用。

通过情景教学的方式，能够使学生对于枯燥单调的数学内容形成感性认识，从而能够在现实生活中找到数学知识的存在意义，在此基础上能够对生活中相关问题以数学的视角进行理性分析和思考。但是在具体的开展过程中，由于教师在思想认识上存在一定程度上的偏差，使得情境教学的整体效果有些偏离理想的轨道。在这种情况下，针对情景教学进行深入研究，并能够采取真正切实有效的措施，使得情境教学能够发挥出现实的作用和价值。

七、初中数学教学情境创设的基本原则

（一）生动性原则

初中数学教学情境的创设应当遵循生动性的原则。用直观形象的情景设置来诠释理论性较强的数学原理，从不同的感觉渠道向学生大脑传输数学信息，这样有利于学生对数学结论的理解和掌握。

（二）实践性原则

初中数学教学情境的创设应当遵循实践性的原则。初中学生的大部分时间是放在生活上的，对教学情境的创设应当结合生活中学生经常接触到的知识或者将数学故事的讲述落实在学生实际问题的解决上，让学生学会用所掌握的数学知识去处理实际问题。

（三）悬念性原则

初中数学教学情境的创设应当遵循悬念性的原则。情境创设的目的是激发学生对数学问题的兴趣，让他们产生求知的欲望。所以，情境的创设就离

不开学生的兴趣，悬念性比较强的情境才可以让学生身心投入到数学问题的学习和探究之中。

八、初中数学教学情境渗透与融合中存在的一些问题

（一）传统教学方式的影响导致学生课堂参与性低下

受传统灌输式教学方式的影响，有些情况下，虽然教师进行了比较生动的教学情境创设，但是却很难激发起学生主动参与数学问题学习和探究的兴趣，导致出现成绩比价差的学生没有兴趣去学习数学，成绩比较好的学生学习数学的热情也日益低下，逐渐失去了对初中数学的学习兴趣。

（二）教学情境创设千篇一律，缺乏新意

新课表对培养学生自主创新能力的要求，给教师教学情境的设置提出了新的挑战。但是，部分教师创设教学情境的创新能力却比较有限，导致部分数学老师在课堂教学中创设的情境大致相同。久而久之，越来越难以调动学生的积极性和好奇心，不利于学生对数学知识的学习和掌握。

（三）教学情境的创设一味追求新意，却不具有实用性

与教学情境创设千篇一律的问题相对应的就是教师一味追求教学情境创设的新颖性，而脱离了初中学生的生活实际，不具有实用性。这种脱离学生生活实际的教学情境虽然具有新颖性的特点，但是，由于受限于自身的理解能力，大多数学生并不能真正理会老师进行教学情境创设的真正目的，起不到应有的教学效果，甚至有适得其反的不良影响。

九、完善初中数学教学情境渗透与融合应当遵循的策略

（一）通过数学故事、数学典故来创设教学情境

数学故事和数学典故在教学情境的创设中具有独特的作用，尤其是用熟知人物，但不知晓人物具体事迹的数学故事、典故，更能起到激发学生学习兴致，保持学生对数学学习热情的积极作用。例如，讲述勾股定理时，可以引用古典数学巨著《九章算术》的知识，让学生体会到数学知识的博大精深。

（二）通过现实生活中的数学现象来进行情境创设

初中学生认知中最熟悉的部分就是经常接触和用到的知识，甚至有些知识已经在他们头脑中产生根深蒂固的影响。所以，在进行教学情境创设中，结合学生的生活实际，更容易引起学生情感的共鸣，更有利于数学知识的教授。

（三）教学情境的创设要注重师生之间的互动

新课标要求进行互动性强的教学，在初中数学的教学情境创设，要求老师转变自身高高在上的思想观念，与学生建立人格平等的关系，老师要与学生一起进行数学理论的学习和探讨，要从学生认知状况和生活实际进行考虑，更多地让学生发挥在教学中的主体作用，实现师生的良性互动。

（四）情境创设应当贯穿整个教学过程

在现实初中数学的教学过程中，教师一般比较重视在教授之前利用创设情境进行知识的引入，而忽略在教学过程中利用教学情境进行教学辅助。教学情境的创设应当贯穿整个教学过程，根据不同的教学阶段和学生不同阶段的理解能力创设内容各异、难易有别的教学情境，更有利于学生学习热情的保持和对数学知识的掌握。

综上所述，在初中数学教学中，创设有效的问题情境，对于教学效果的提高有着非常重要的作用，尤其是对于难以掌握的数学概念的教学中，利用学生已经学习到的数学知识，对碰到的问题进行相应的情境设置，能够有效地提高学生的学习兴趣，降低学习难度。

第二节 教学各环节的情境创设

在创设课堂教学情境时，教师是在充分挖掘教材的基础上精心设计的，创设情境能点燃学生智慧的火花，激发学生的创造情绪，给学生提供自主探索的机会，让学生在实践的过程中，不断地发展解决问题的能力，体会数学的价值。一节成功的数学课上，不单单是一个情境的创设，而是在整个教学过程中，各个环节都需要进行情境创设，把所要达到的教学任务贯穿在整个堂课的情境设计之中。

一、新课引入中的情境创设

"良好的开端是成功的一半"，这就突出了新课引入情境创设的重要性。新课的开始，如果教师能针对学生的心理发展规律，精心设计情境，用准确且简练的语言，适时而精妙地导入新课，可以迅速吸引学生的注意力，引起学生对所学知识的求知欲。因此，在新课引入中应进行情境创设，从而唤起学生思考，明确自己的学习目的，强化师生感情。

（一）设计生活情境引入

例如，"合并同类项"一课，可以这样引入：教师从抽屉中拿出一把硬币放在讲台上，之后问学生："你们能告诉老师这里有多少钱吗？"学生："能"。老师派一名代表上前来数，他说："9元！"老师接着问："你是怎么知道的呢？"学生马上回答说："10个5角的加一起就是5元，4个一元的加在一起就是4元，总共是9元。"老师总结："这位学生做得非常好，他把5角的硬币归为一类，又把一元的硬币归为另一类，方便计算，像这样把同一事物归为一类，就是我们接下来要学习的同类项。"一个非常简单的生活情境起着抛砖引玉的作用，整个学习过程对孩子接下来的学习就充满兴趣，很自主地投入到学习中去。

再如，"不等式的性质"一课对学生来说非常抽象，教科书上也只是通过天平实验来说明的不等式的性质，很多同学不是很理解天平和不等式的关系，但是恰当的设置情境，就能让学生轻松掌握。

问题1：脑筋急转弯：有两对母女，为什么却只有3个人呢？

学生答：姥姥、妈妈、女儿。

问题2：今年姥姥60岁，妈妈35岁，如何用不等式表示她们的年龄大小？

学生答：姥姥年龄大，60>35。

问题 3：那么 6 年后，姥姥和妈妈的年龄谁大？如何用不等式表示？

学生答：姥姥年龄大，60＋6＞35＋6。

问题 4：20 年前，姥姥和妈妈的年龄谁大？如何用不等式表示？

学生答：姥姥年龄大，60－20＞35－20。

问题 5：a 年前，姥姥和妈妈的年龄谁大？如何用不等式表示？

学生答：姥姥年龄大，60－a＞35－a。

通过设置以上一系列的情境，老师通过生活中的年龄的问题，引导学生通过比较得出不等式的性质：不等式两边加（或减）同一个数（或式子）时，不等号的方向不变。

（二）创设故事情境引入

生动并且有趣的素材会使学生乐于学习，从素材中引发的问题进行思考，有利于学生对知识内容的掌握和理解。大部分学生都没听说过数学知识方面的故事，而听故事对于初中学生来说是他们所喜爱的事情。因此，创设一个故事情境，能使学生在丰富的故事背景下探索出问题的答案，激发了他们思维的灵活性。

例如，讲授"相似三角形的判定方法"一课时，教师可以通过创设故事情境引入新课：古希腊有个著名的哲学家泰乐斯，他酷爱旅行，在天气晴朗的某天，他旅行到了神奇的埃及。在埃及伊系神殿的司祭长的陪同下，他们去参观了胡夫金字塔，泰乐斯问司祭长："谁知道这金字塔到底有多高？"司祭长告诉他："没有人知道的，古书中没有记载而且利用所学知识也测不出金字塔的高度。"泰乐斯说："我马上可以根据我的身高测出塔的高度。"当在场的人都感到不可思议的同时，一条结绳已经从泰乐斯的白长袍下取出，在他的助手的帮助下不一会儿就测出塔高 131 米。

教师一边讲着神奇的故事，一边利用课件展示当年此种情境的图片。随着故事的结束，学生的疑惑随之产生。"哪位同学能说出泰勒斯是通过什么技巧测出塔的高度的？"学生并不知其中的道理，但想知道究竟的兴趣也很高涨。这时顺势引出新课：在本节课学习完相似三角性的判定方法之后，大家就会知道问题的答案。这样一个故事情境的创设就把学生的注意力很快地集中到了教学任务之中，同时，还培养了学生应用数学的意识。

二、新课进行过程中的情境创设

对于一堂初中数学课，教学任务主要让学生在新课讲解的过程中，完成对知识点的掌握。在设定的情境中，由教师引导学生主体对数学知识的认知活动就是数学学习的过程。课堂上，在学生已有的知识水平和学生的情感态度的调配下，对新知识不断地进行获取，使知识结构更加完善、清晰，从而实现学习目标。

因此，在教学过程中，教师要通过创设情境保持学生对学习内容的注意；通过创设情境来营建一个愉快而和谐的课堂氛围；通过创设情境让学生积极主动地参与到教学活动中去；通过创设情境启发学生的数学思维，促使他们交流思想、表达情感。

（一）创设联系旧知识情境

根据初中学生对已经学过的知识容易遗忘的特点，在课前引入时，教师要先复习旧的知识，在新课进行过程中，以学生已经掌握的知识做铺垫，创设由浅显到深奥的教学情境，引导学生把学过的知识迁移到要学的新知识上来，抓住两者的内在联系，引导学生进行对比研究，得出结论。

例如，在讲授"多边形内角和"一课时，指导学生在练习本上任意画一个四边形，量出 4 个内角的度数，求出所有内角的和。多画几个四边形，进行同样的操作。问学生能得出什么结论？接下来让同学们思考，能不能利用到上节课学习的三角形内角和定理而得出这个结论？因此，同学们在教师的引导下画任意一个四边形的一条对角线，此时这个四边形已经被分为两个三角形。同学们可以很轻松地知道，对于每一个四边形的内角和都等于两个三角形的内角和，即四边形内角和为 360°。利用上述方法，同学们能求出五边形和六边形的内角和分别是多少吗？见表 2-2。

表 2-2　多边形内角和公式

多边形边数	一顶点引对角线条数	分成三角形个数	内角和
3	0	1	$1 \times 180° =180°$
4	1	2	$2 \times 180° =360°$
5	2	3	$3 \times 180° =540°$
6	3	4	$4 \times 180° =720°$
...	...	...	...
n	n-3	n-2	$（n-2） \times 180°$

总结：n 边形内角和等于（n-2）×180°。

这个教学案例就是在学生知道三角形内角和为 $180°$ 的基础之上研究四边形、五边形、六边形等的内角和，进而推算出多边形内角和公式。

（二）创设课堂讨论情境

讨论情境就是在教师的指导下，学生之间为寻求某个问题的答案而进行商讨，分析出谁对谁错，最后得到应该掌握的知识。在课堂上创设讨论情境有利于培养学生创新思维能力和口头表达能力，能让学生积极主动地参与到课堂教学中，促进学生灵活地运用数学知识。在教学过程中创设讨论情境，教师要鼓励学生发表自己的看法，从不同的方面去思考问题，并通过小组合作、讨论交流，对所学内容有一个全面地、深刻地认识。例如，在讲"平行四边形性质"一课中讨论：平行四边形所具有的性质，可以归为几类？这个问题可以通过分组讨论和小组合作两种方式进行。

首先，把学生分为四人一组，让组内的每一个同学自己来思考这个问题，有的学生用度量的方法，有的同学则选用旋转的方法。然后，进行组内交流，每名同学可以充分发表意见，但有的同学得到的结论多一些，有的则少一些，还有一些结论可能是错误的。通过组内之间成员的交流讨论，形成小组的成果。最后，由各个小组长展示平行四边形的性质，各组之间查缺补漏，最后找到平行四边形的性质：对边平行；对边相等；对角相等；邻角互补；对角线相互平分。

通过以上两种方式，学生不仅掌握了自主学习的方法，还体会到了小组合作学习的快乐,在自由发言和相互辩论的过程中建构了自己的知识体系,发展了学习能力,提高了学习数学的兴趣。

三、课堂练习中的情境创设

课堂练习对于每节数学课都是至关重要的教学环节,它能让学生在巩固知识、形成技能的基础上培养他们的数学能力,既保证了教学任务的顺利完成,又减轻了学生过重的课业负担,提高了教学质量,对全面实施素质教育、进行新课程改革有着重要的意义。创设课堂练习的情境,能使学生将所学的知识转化为社会发展所需要的技巧、技能,提升他们解答问题的能力。

（一）通过制造错误找出原因,创设情境

在练习中,教师往往都会根据自己的经验,编排一些判断题,让学生判断正误,在这个过程中不仅能让学生巩固所学的知识,而且能让学生找出典型的错误,避免学生今后再犯。例如"同底数幂乘法"一课中,设计如下练习:

判断题:谁是小法官

1. $b^5 \cdot b^5 = 2b^5$ （　　）　　　　2. $b^5 \cdot b^5 = b^{10}$ （　　）

3. $x^2 \cdot x^3 = x^5$ （　　）　　　　4. $7^8 \cdot 7^3 = 7^{11}$ （　　）

5. $a \cdot a^6 = a^7$ （　　）　　　　6. $m \cdot m^3 = m^4$ （　　）

通过上面的几道小题可以总结出应用同底数幂的乘法法则时应注意什么吗?

（1）同底数幂相乘时,指数是相加的。

（2）注意 $a^m \cdot a^n$ 与 $a^m + a^n$ 的区别。

（3）不能疏忽指数为 1 的情况。

通过这些判断题联系的创设,同学们很快掌握了"同底数幂相乘,底数不变,指数相加"这一法则。

（二）创设发现式练习的情境

在课堂中,创设发现式练习的情境,不仅有利于培养学生的归纳概括能力,同时有利于学生自主发现能力的养成。学生在练习的过程中,首先,对练习题进行观察，进而通过比较、分析、综合的方式，发现规律，提出假设猜想并应用所学知识加以论证，从特殊扩展到一般，使抽象的知识转化为学生内在需要的知识；从感性认识过渡到理性认识，使学生的思维产生质的飞跃。例如，在"一元二次方程的根与系数的关系"一课中，可设计如表2-3的练习，然后逐步引导学生发现、思考，最后得出一元二次方程根与系数之间的关系。

解出下列各方程的两根 x_1 和 x_2，并计算 x_1+x_2 和 $x_1 \cdot x_2$ 的值。

表2-3　一元二次方程的根与系数之间关系

方程	x_1	x_2	x_1+x_2	$x_1 \cdot x_2$
$x^2+x-6=0$	2	-3	-1	6
$x^2-\dfrac{1}{6}x+\dfrac{5}{6}=0$	……	……	……	……
$6x^2+x-2=0$	……	……	……	……
$25x^2-9=0$	……	……	……	……
$2x^2-5x+2=0$	……	……	……	……
$x^2+mx+n=0$	……	……	……	……

通过表中比较特殊的一元二次方程的根与系数关系得出：

$$ax^2+bx+c=0\ (a\neq 0)，\quad x_1+x_2=-\frac{b}{a}，\quad x_1 \cdot x_2=\frac{c}{a}$$

四、课堂小结中的情境创设

在大力推广新课程理念的同时，情境教学是新课程理念所倡导的一种好的教学模式。而在如今的数学课堂中，教师们往往设计了丰富多彩的导入情境、充满探索的操作活动，对课堂小结的创设却不够重视，往往是由学生或教师大体地概括一下本节课的知识点，这就出现了"凤头熊腰蛇尾"的现象。课堂小结可以高度概括本节课中知识的重难点，为下节课需要学习的知识做铺垫，是前后知识联系的重要环节。课堂小结能对学生本节课学习的零碎的知识点进行数学建构，使学生形成清晰的知识脉络，使自身的知识系统更加完善，因此，数学课堂小结的创设需要教师的高度重视，这样一堂课才会更精彩。

例如，在"一元二次方程"一课中，教师用一个生活实例对本节课的知识进行巩固。

师：要组织一次联谊会，参加的同学每两个人之间都要握手一次，根据主办方的要求，活动计划进行 2 小时，每小时组织 14 人握手，联谊会主办方应邀请多少个人参加活动？设联谊会主办方应邀请 x 人参加。

生：列方程 x（x–1）=28。

师：这个方程是一元二次方程吗？为什么？

生：是。因为它是等号两边都是整式，只含有一个未知数，并且未知数的最高次数是 2 的方程，所以这是一元二次方程。

师：非常好，那么 x=8 是方程的根吗？

生：不是，把它代入方程左右两边不相等。

师：那么单纯看这个一元二次方程还有其他根吗？

生：回答是肯定的。

师：实际上有很多种方法可以求一元二次方程的根。

上面在课堂小结中创设的情境与平时教师常用的方法大有不同，它是通过一个实例把本节课的知识点（一元二次方程的定义，一元二次方程的根）都非常好地设计在课堂小结中，让学生对本节课的知识进行回顾，并对下节课的内容充满了好奇，这样可以鼓舞学生回家进行自我预习，为下节课的学习做铺垫。

又如，在课堂小结中我们可以把本节课的知识点用顺口溜或者是一首小诗来进行总结，方便学生记忆，也给学生学习数学带来很大的快乐。在《整式乘法》中会有很多公式定理需要记忆，而且容易混淆，教师可以教给学生一些顺口溜。例如："同底数幂相乘，底数不变，指数相加；幂的乘方，底数不变，指数相乘"可以总结为"肩并肩，肩加肩；肩外有肩，肩乘肩"，既可以形象的区分两种整式的乘法的形式，又可以加快学生的理解和记忆。在"合并同类项"中，书上给出定义部分比较难懂，在课堂小结中可以把合并同类项的法则简化为"合并同类项，法则不能忘，只求系数和，字母指数不变样"这样一首押韵的小诗，学生就再不会觉得数学枯燥无味，而是乐意去记忆数学的公式定理。创设这样的课堂小结，大大提高了课堂学习的效率。

第三节　教学情境创设的方法

一、利用现实生活问题或趣味性的问题创设情境

古人云："学起于思，思源于疑。"考虑到初中生的年龄特征，他们在课堂上思想集中的时间比较短，所以作为一名数学教师要充分利用情境教学特有的功能，在宽阔的数学教学空间里，调动学生积极主动地思维，使他们在"迷惑""疑问""好奇"的感觉中，在跃跃欲试的心理状态下，进行分析、综合、比较、概括、判断、推理等思维活动。在教学过程的各个阶段尝试着精心设置一些"悬念"，以创设"问题情境"。通过较长时间的实践观察，这些方法都能很好地激发学生在获取知识过程中的好奇欲望，达到调动学生学习兴趣的效果。特别是在课的导入阶段设置悬念，可以激起学生学习新知识的欲望，从而达到吸引学生注意力，激发他们听课热情的目的。

案例：《数量的变化》新课引入片段。

师：同学们，大家虽然来自不同的城市，但你们从出生到现在每个人都发生了许多变化，能说说你们都发生了哪些变化吗？

生1：我的身高发生了变化，我长高了。

生2：我的声音发生了变化，我声音变粗了。

生3：我的脸上开始长痘了。

生4：我学的知识越来越多，越来越深。

生5：我的头发最近越来越黄？

……

师：同学们，在这些变化中，你们认为有哪些是数量的变化呢？

生：身高，知识……

师：这些数量的变化是随着什么而变化的呢？

生：是随着时间的变化而变化的。

教师归纳：事实上，在我们生活的世界中，发生着许多的数量变化，这节课就让我们来一起感受数量变化。

评价与反思：函数的学习一直是令学生望而却步的知识点。本课是新课程改革后新增加的内容，目的在于为下一章的函数学习做好准备，但不是刻意地接近函数，而是让学生从内心深处感受到数量的变化。这一片段从学生自身发生的变化引入本节课的课题，从学生的最近发展区引入，使学生体会到数学来源于生活，使接下来的新知学习源于学生的数学现实，从而产生有效的正迁移。这样的情境有利于激发学生的学习兴趣，有益于调动学生的好奇心和学习的积极性，同时营造一种轻松和谐的课堂氛围，为完成本节课的教学目标做铺垫。

二、利用数学与生活、生产的联系创设情境

新课程标准提出"重视数学与现实生活的联系，注重实践应用"。也就是说数学教学要重视让学生根据生活经验和已有的知识来学习数学和理解数学，通过感知和操作，获得基本的数学知识和能力。这就要求我们在数学教学中加强与生活实际的联系，把数学知识生活化，把生活经验数学化，让学生在生活中实实在在地体会到数学的存在，培养学生的数学应用意识和应用能力，调动他们主动学习数学、运用数学的兴趣。

例如：一架梯子，靠在墙上，"陡"或"不陡"就是梯子长度和梯子影子这两条"边"比的大小。伴随着思考和讨论，渐渐引入三角形勾股定理的知识。梯子的情境是生活中学生常见的情景，研究三角形从这里开始肯定比

直接从抽象的直角三角形开始要好。它接近于平常生活，所以让学生有熟悉感，没有紧张感，比较感兴趣，易接受，更能形象直观地理解。

在"一次函数的应用"的教学中，结合 2010 年青海玉树地震这一牵动全国人民的大事件，编了这样一道题目：某市"爱心"帐篷集团有甲、乙两个分厂，原来每周生产帐篷共 9000 顶。2010 年 4 月 14 日，由于我国青海玉树发生大地震，震后的灾区急需帐篷 14000 顶。集团决定在一周内赶制出这批帐篷，为此甲、乙两个分厂全体职工加班加点，在一周内赶制的帐篷数量分别达到了原来的 1.6 倍、1.5 倍，恰好按时完成了这项任务。问：

问题 1：在赶制帐篷的一周内，甲、乙两分厂各生产帐篷多少千顶？

问题 2：现要将这些帐篷用卡车一次性运送到地震灾区的 A、B 两地，由于两分厂通往两地道路的路况不同，卡车的运载量也不同。已知运送帐篷每千顶所需的车辆数及 A、B 两地所急需的帐篷数如表 2-4 所示：

表 2-4　A、B 两地急需帐篷数

		A 地	B 地
每千顶帐篷所需车辆数	甲分厂	4	7
	乙分厂	3	5
所急需帐篷数（单位：千顶）		9	5

请设计一种运送方案，使所需的车辆总数最少，说明理由，并求出最少车辆总数。

结果：课堂上学生积极性很高，很快地建立了学习合作小组，运用所学的一次函数的知识解决了这个问题。由于是让学生用学过的知识来解决日常生活中的问题，所以学生思考积极性很高，兴趣很高，效果很好。既提高了学生用所学知识解决实际问题的能力，同时还培养了学生的积极社会情感。

三、利用数学合作交流创设情境

在教学中，我们要"紧密联系学生的生活环境，从学生的经验和已有的知识出发，创设有利于学生自主学习、合作交流的情境，使学生通过观察、试验、归纳、猜测、交流、反思，逐步体会数学知识的产生、形成、发展的过程，获得积极的情感体验，感受数学的力量，同时掌握必要的基础知识与技能"。

案例：针对学习七年级上册第四章"打折销售"这一实际问题，提前一周布置作业，让学生以小组合作的形式到商场或超市实地调查有关服装、商品的打折销售情况。在课堂教学中，利用学生实地调查的例子，通过师生合作交流，学会用列方程的方法解决实际问题。让学生感受到方程是建立数学模型，从而解决实际问题的一种重要的思想方法，并培养学生的抽象思维能力和分析问题、解决问题的能力。最后以小组合作的形式写调查报告：实际问题—（抽象）—数学问题—分析—列出方程—求出方程的解—验证在实际问题中的合理性—通过这一问题学到哪些知识？有什么收获？

评析与反思：

在这个课时的教学中，安排5～6个学生为一小组，小组中既有学习成绩好、语言表达能力强的，也有基础较差、不善于言谈的，还有成绩中等的。根据小组的具体分工情况来看，基本上是让语言表达能力强的学生去采访、了解情况，不善言谈的学生记录，组员们一起讨论分析后让成绩中等的学生报告。通过小组成员的分工配合，不仅顺利完成了任务，加强了学生的合作意识，而且使学生在各个方面都能得到不同程度的提高和发展。

在小组合作与交流的学习中，可以设置游戏竞赛，通过数学游戏培养合作与竞争，也可以通过合作实验、测量、估值，在"做"中学。

合作交流是学生学习数学的重要方式。教学中应为学生创设探索与交流的空间，让学生在一定的情境中自然形成合作交流的学习氛围，在合作与交流的过程中拓展思路，学习数学。

四、利用学生认知上的冲突创设情境

人们认识客观事物，常常不能一次就获得正确认识，在很多情况下要经历错误和失败，并从错误中吸取教训，从失败中找出原因，而后改错为正，获得正确认知。初中生年龄较小，缺少经验，认知能力正在形成中，所以他们在学习过程中，由于多方面的原因，会经常出现错误。教学时教师应透过错误，洞悉成因，及时抓住契机，加以利用，创设认知冲突，使学生产生疑问，构成认知矛盾，从而引发学生积极思维，主动探索新知。

认知冲突即认知过程中的"障碍"或"不协调"因素，它可引起人们解决问题的动机，促使人们去寻找协调的途径，它是学生学习动机的源泉，是学生学习过程的自然展示，也是学生参与学习的根本原因。所以教师应根据教学内容的特点，在教学中不断设置认知冲突，激发学生的参与欲望，主动完成认知结构的构建过程。

五、利用数学与相关学科的关系创设情境

新课改的课程理念：拓展基础内涵，加强课程整合中强调重视各学习领域的合理配置，加强各学习领域及各科目间的联系，注重科目内学科、活动、专题间有机联系及模块或主题间的有机联系，促进学生形成合理的认知结构。

（一）与语文学科的联系

在学习对称时，可以用两句唐诗，例如"乱花渐欲迷人眼，浅草才能没马蹄"或一副对联"生意兴隆通四海，财源茂盛达三江"来引入，让学生通过语文中的对仗来更好地理解数学中的对称的含义。

在学习"锐角三角形"中的仰角、俯角时，仰角指视线在水平线上方，视线与水平线的夹角；俯角指视线在水平线下方，视线与水平线的夹角。可用李白的诗《静夜思》中的"举头望明月，低头思故乡"这两句来加以描述，的确非常形象、深入，学生本来觉得味同嚼蜡的两个角的定义一下子变得趣味横生，为这节课后面的学习奠定了良好的基础，真是"良好的开端是成功的一半"。

在与学生谈数学的解题意境时，用"蓦然回首，那人却在，灯火阑珊处"来描述别有风味。在与学生谈数学的极限意境时，用"孤帆远影碧空尽，惟见长江天际流"顿时展现出一幅美妙画卷，学生会有深刻的理解。用"衣带

渐宽终不悔，为伊消得人憔悴"比夸夸其谈、空讲大道理效果要好得多。用诗词装点数学，在为教学服务的时候，更让学生对诗词有了不一般的理解和认识，增强了学生阅读、理解数学题目的能力。将诗词和数学结合就是文理结合，真是美哉妙哉。

（二）与物理学科的联系

例如，数学中的科学计数法与物理中的密度表示有所不一样，物理中的 0.9×10^3 千克／立方米，0.9×10^3 就不是数学中的科学计数法，在接触物理中的密度表示之前，他们几乎不会发生这样的错误，在学完了密度以后经常会出错，总认为 0.9×10^3 就是数学中的科学计数法，所以说"学习的最大障碍是已知的知识，而不是未知的知识"。因此，就要创设适当的情境让学生在比较中学会学习，学会新旧知识的联系和区别，避免知识的"负迁移"。

（三）与英语学科的联系

例如，在学习"探索直线平行的条件"找同位角、内错角、同旁内角时，有些时候图形比较复杂，不太容易。教师建议学生把同位角与英文字母 F 联系，内错角与英文字母 Z 联系，同旁内角与英文字母 U 或者 n 联系，所以找这三种角就是找这几个英文字母，既快又准，学生觉得学习很轻松，一点都不会眼花缭乱，真的能够做到把这些角找得不重复、不遗漏。

（四）与政治术语的联系

例如：把典型的三个非负数 a^2，$|a|$，$\sqrt{a}\,(a \geq 0)$ 称为非负数的"三个代表"；在解直角三角形时，把"有弦用弦，无弦用切；宁乘勿除，取原避中"这样的原则归纳为解直角三角形的"四项基本原则"；在解无理方程时，通过两边同时平方或换元的方法达到无理方程有理化的目的，把无理方程有理化叫作"一个中心"，把两边同时平方或换元叫作"两个基本点"；在总结复习各种方程的解法时，把分式方程整式化、无理方程有理化、高次方程低次化、多元方程（组）一元化归纳为解方程的"四化"，等等。放在一起就是：遵循"三个代表"重要思想，坚持"四项基本原则"，围绕"一个中心，两个基本点"，全心全意为"四化"服务。

学科结合、学科渗透不是简单的加法计算，而是很复杂的乘法运算，甚至是乘方运算。所以学科之间有差异，但没有鸿沟，有些时候是零距离的，要始终注意不同学科的整合，对教师而言是知识结构的完善，对学生而言则是受益匪浅，学得好的学科会带动学得不理想的学科的发展，会举一反三、能触类旁通，最终会自己建构，真正实现全科发展、全面发展。

六、利用数学故事、数学发展史创设情境

数学知识往往与人物有关，讲述与教材内容有关的人物的故事，可以提高学生的好学精神。故事中有生动的情节、丰富的情感，寓知识于故事之中不仅能吸引学生进入教学环境，也能促进学生主动地学习。

案例："有理数的乘方"这节课，利用"古印度国际象棋棋盘装麦"的故事，创设这样一个教学情境：

古印度国王酷爱下棋，苦于棋无对手，向全国悬赏下棋高手。青年人赢了国王，国王许诺答应他一个要求。青年人说他的要求不高，他要国王给他麦粒，在棋盘的第一格放一粒，第二格放两粒，第三格放四粒，第四格放八粒，以此类推，每格放的麦粒数都是前一格的 2 倍，一直放到第 64 格。国王爽快地答应了他的要求。过不久，大臣气急败坏地跑过来对国王讲，全国仓库的麦子都不够给这个人，而且这个数字大得超过了恒河沙滩上的沙粒。

学生们马上饶有兴趣地展开了短时间的激烈讨论并对故事中麦粒的计算方法产生了极大的兴趣。笔者不失时机地指出必须使用"乘方"，运用这种新的运算方法才能算出每格棋盘上的麦粒，最后求和，这就充分引起了学生对于新知识"有理数的乘方"的期待与迫切学习之情。

数学故事、数学典故有时反映了知识形成的过程，有时反映了知识点的本质，用这样的故事来创设情境不仅能够激发学生对数学的兴趣，还能够加深学生对数学知识的理解。这节课老师就是通过介绍生动而有趣的数学传说，创设了具有巨大吸引力的问题情境，使学生处于兴奋状态和积极思维状态。

又如，在学习"勾股定理"的过程中，教师给学生讲解为什么有勾三、

股四、弦五之说，以及数学家们在"勾股定理"证明中所做的贡献，突出"勾股定理"在初中几何中的地位和作用，使学生受到一定的德育教育，又对学生以后学习"解直角三角形"会产生积极的影响。

还可以插入数学知识进行引导。例如，阿基米德在离世之时仍醉心于数学研究，欧拉双目失明后通过记忆和心算仍有大量成果问世，等等。不过，除了这种简单的拼凑处理外，还应更多地将数学史料（尤其是数学的思想方法）有机地渗透融合到课程中。

数学是一门古老的科学，在其漫长的发展过程中，有许多值得纪念的史实。以数学发展史"创设情境"不但可以教育学生，而且可以增强学生对数学的感性认识，开拓学生的视野。

七、利用学生的实践活动创设情境

情境教学注重"情感"，又提倡"学以致用"，努力使二者有机地统一起来，在特定的情境中和热烈的情感驱动下进行实际应用，同时还通过实际应用来强化学习成功所带来的欢乐。数学教学也应以训练学生能力为手段，让学生投身实践，把现在的学习和未来的应用联系起来，注重学生的应用操作和能力的培养。我们充分利用情境教学特有的功能，拓展宽阔的数学教学的空间，创设既带有情感色彩，又富有实际价值的操作情境，让学生扮演测量员、统计员进行实地调查、收集数据、制统计图、写调查报告，其教学效果可谓"百问不如一做"，学生触发感悟，求知欲得到满足，乐意投入新的学习。培养了学生思维能力、表达能力、动手能力，提高了他们解决问题、社会交际及应变的能力。

例如，在"等腰三角形的性质"教学中，可设计这样的课堂活动：把学生分成几个小组，每个小组都把自己所带来的硬纸片，剪成两个三角形，其中一个等腰三角形，另一个是非等腰三角形（一般三角形），各小组完成之后，教师引导学生把两种三角形各自任意两边叠在一起，然后把活动过程中的结果写下来，各小组派代表进行讲述。通过这一活动，同学们很快就发现只有把等腰三角形的两腰叠在一起时，等腰三角形的两个底角才能互相重合，从而得出等腰三角形的性质。这时教师可引导学生把活动中得到的性质加以证明。

这种情境设置活动，教师也可带领学生到校外进行社会调查，从中获取相关资料，进行数学探索。例如，在建立函数概念时，教师可把学生分成几个小组，到就近市场进行鱼类、肉类、青菜类等的市场调查，要求学生：

第一，调查过程中，各小组应找到各自调查目标，了解它们的市场单价，并记下至少两笔销售的数量和金额。

第二，观察销售过程中，单价、数量与金额之间有什么变化规律。

第三，整理材料，以表格形式提交给老师。通过以上活动，学生对自变量、函数的定义有了较为深刻的理解，为进一步学习函数知识打下了良好的基础。应该注意的是，教师创设的活动情境，既要具有可操作性，又要面向全体学生，要给学生充分的活动和交流的时间，使学生通过活动、交流，形成新的知识。

教师以学生动手操作、社会调查、游戏、实验等作为教学出发点，让学生在活动中体验到数学在实际生活中的作用，激发学生学习数学的积极性，培养学生的数学应用意识。

八、利用多媒体辅助教学手段创设情境

合理运用现代教育技术服务，初中数学教育是当前新课程背景下教师进行素质教育改革与创新教育必然要接受的考验。实践证明，充分利用多媒体教学手段服务于课堂教学可以简化教学，让教学内容由抽象变得形象，同时便于学生理解，能够拉近学生与数学之间的亲近感，让学生在学习中可以获得乐趣。

多媒体具有特殊的声、光、色、形，通过图像的翻滚、闪烁、定格、色彩变化及声响效果等给学生以新异的刺激感受。运用计算机辅助教学，向学生提供直观、多彩、生动的形象，可以使学生多种感官同时受到刺激，激发学生学习的积极性。

例如，在学习"轴对称图形"这一课时，就可以应用多媒体的鲜艳色彩、优美图案，直观形象地再现事物，给学生以如见其物的感受。教师可以用多媒体设计出多幅图案，如等腰三角形、飞机、特色建筑（如北京天安门城楼）、商标（如桑塔纳轿车）、卡通图案等，通过多媒体展示后，用红线显现出对称轴，让学生观察。图像显示模拟逼真，渲染气氛，创造意境，使学生很快掌握了轴对称图形的特点，有助于提高和巩固学习兴趣，激发求知欲，调动学习积极性。

在学习圆柱、圆锥的侧面展开图内容时，设置这样的情境：动画展示圆柱、圆锥的侧面展开图过程，然后引导学生通过观察、理解、探究圆柱和圆锥分别与矩形和扇形之间的关系。显然，这种动态的、直观的情境设置有利于学生对问题的理解，使他们能更加主动地参与到数学探究活动中去。

在讲授"垂直"这一概念时，教师可以让学生观看一段大型比赛的跳水录像，出示问题：当选手入水时，水花的大小说明什么？所有学生几乎同时说出来："不垂直"水花就大，"垂直"水花就小。教师问："什么叫垂直呢？"接着教师讲解了有关垂直的概念。这节课几乎没有费什么力气，就完整地进行下来了，几乎所有的学生都明白了什么叫"垂直"，可见这样的情境给学生留下多么深刻的印象。

实验心理学家赤瑞特拉认为：人一般可以记住阅读内容的50%，听到内容的20%，看到内容的30%，在交流过程中自己所说的内容的70%。教师可以通过多媒体的强大的文字、声音、图像和动画技术，创设出各种情境氛围，而且达到传统教学中的教具和语言无法企及的生动、逼真和引人入胜。

九、利用中学数学与小学知识的联系来创设情境

由于初中生正处于形象思维向抽象思维转变的过渡期，他们具有对新颖性活动感兴趣的特点。导入时如能利用此特点采用形式多样的导入必将激起学生的求知欲、探究欲。

案例："字母表示数"

师：今天很多老师来听课，我们唱一首歌表示欢迎，好吗？

生：好！

师：我先唱一遍：一只青蛙一张嘴，两只眼睛四条腿。两只青蛙两张嘴，四只眼睛八条腿……大家会接着往下唱吗？

生：三只青蛙三张嘴，六只眼睛十二条腿。四只青蛙四张嘴，八只眼睛十六条腿……

师：同学们，唱得非常好，比我唱得强多啦！不过我听着唱到八只青蛙的那句时，有些乱了，为什么？

生：算腿数的时候，有快有慢。

师：是啊，同学们怎么算呢？

生：嘴数 = 只数，眼睛数 = 只数 ×2，腿数 = 只数 ×4。

师：大家发现的这个规律非常好，那么，有任意只青蛙这句怎么唱？

生：任意只青蛙任意张嘴，2 任意只眼睛 4 任意只腿。（学生和听课老师都笑）

师：大家为什么笑啊？

生：这句太别扭啦！

师：怎样唱好这句呢？今天我们这节课的学习就能解决这个问题。

评价与反思：

利用熟悉的儿歌引入新课。由于初中一年级新生正处于小学与初中的过渡期，他们对儿歌具有强烈的感情，易于激发兴趣产生心灵认同感。教师抓住了激发兴趣的关键点，以儿歌的方法引入新课，学生感到亲切、自然、思维活跃、兴趣盎然，并没有感觉到抽象、突兀。教师利用学生的年龄特点与获取知识的规律设计了新颖的导入，同时，优美的旋律对于激发学习欲望、接受新知识、引起求知欲具有显著地的价值。在儿歌的背后是本节课的学习重点 —— 字母表示数。

综上看出，数学是很有趣的。有句话说得好：世界上并不缺少美，而是缺少发现美的眼睛。当今社会是学习社会，对教师而言，我们的任务是要结合所教学生的实际情况，为学生提供思考的依据，尽可能地在教学中，善于在问题、情境中鼓励学生思考、探索、猜想，从而培养学生的数学能力，使学生对数学产生浓厚的学习兴趣。

第四节　情境创设与教学效果的关系

创设数学课堂情境就是呈现给学生刺激的数学信息，引起学生学习数学的兴趣，启迪其思维，激起学生的好奇心、发现欲，使其产生认知冲突，诱发其质疑猜想，唤起其强烈的问题意识，从而使其发现和提出数学问题。数学情境的创设是引导学生提出问题的前提，离开了它，数学问题的产生就失去了肥沃的土壤。因此，创设数学情境的目的，就是激发学生的学习动机，调动学生自主学习的积极性，有效地培养学生的问题意识和自主创新思维。

一、数学课堂情境对知识掌握的有利作用

数学情境的创设不要脱离课堂教学目标，"为情境而设置情境"，不要为追求课件而制作课件，要恰当处理复杂的情境；要注重"虚拟情境"中的数学信息探讨；要处理好长效核心学习机制与学生兴趣的关系。因此创设的数学课堂情境对知识的掌握要起到积极的作用。

案例1：在讲平行四边形的识别条件时，可以设计下列情境：

多媒体播放两个小孩在踢足球，突然，一块平行四边形的装饰玻璃被打碎，踢球的学生拿着打碎的玻璃到店里配玻璃。（教师在多媒体上给出打碎的图片，其中，A，B，C为三顶点）店员甲说：分别过A、C做BC、BA的平行线，两线相交于D，四边形ABCD就是你所配的平行四边形；店员乙说：过A做BC的平行线，以C为圆心，以AB的长为半径画弧，与BC的平行线相交于D，四边形ABCD就是你所配的平行四边形。

评论：教师创造了适宜学生领悟的情境，既具有生活化，又具有趣味性、

真实性，有效激发了学生的求知欲，使学生在情境的自然延伸中进入读书活动。

案例 2：日历中的方程，创设的是游戏案例。多媒体出示某一月的日历，让学生说出某竖列或横排上三个数的和，教师以最快的速度说出这三天的日期，重复游戏，教师均能以最快的速度回答，学生感到非常惊讶。

教师：仔细观察，找找规律，你们同样能做到。

评论：学生的课堂学习热情和学习愿望被不同程度地激发出来，在找到规律，解决了问题之后，同学之间重复游戏，学生颇有成就感，感觉很自豪：我学会了。

案例 3：不等关系的情境创设，看看下面这些实例：

第一，某公路对车辆有限速要求，行驶速度不得超过 40 千米 / 小时。

第二，根据科学家测定，太阳表面的温度不低于 6000℃。

第三，在一次体检中测得 805 班的学生中，刘阳最高，身高 1.78 米，朱慧最矮，身高 1.53 米，其他学生的身高为 h 米。

第四，乘公交车时，身高不超过 1.10 米的儿童免费。

上面所举的例子中的数量关系，它们有什么共同的特点？

学生回答：都是表示数量关系的不等式。

评论：通过这些学生已较熟悉的生活实例，让学生体会到生活中的数学，认识数学中的不等关系，能学会用不等式表示各种不同的不等关系。

以上三个案例都是学生在生活中能遇到的熟悉的数学实例，符合了真实性原则。创设情境有利于激发学生的学习动机，调动学生学习的积极性。

二、数学课堂情境对知识掌握的不利影响

有些数学课堂情境脱离了课堂教学目标，就不利于学生对有关的数学知识和数学思想方法的掌握，不利于他们对数学的理解。还有些数学课堂情境不符合学生的年龄特征及其数学思维的发展。有些数学情境创设与学生的数学认知发展水平不相适应，没有接近学生的"最近发展区"，没有贴近学生

生活实际，也没有激发认知欲望。

案例4：在教八年级"平行四边形的性质"一课时，播放刘翔在雅典奥运会110米跨栏夺金的场面，然后要求学生在图形中寻找平行四边形。

评论：这样的情境往往对后续的平行四边形的性质根本起不到作用，若去调查本节课哪些内容对学生记忆最深的话，学生可能回答的就是那个所谓的跑步情境，说不定学生在整节课都在琢磨着这个情境对知识的掌握没起到积极的作用。

案例5：讲解"多边形内角和定理"的课中有这样一个情境：让学生画一个任意的四边形和五边形，用量角器量出每个角的大小并且求出每个图形内角的和，然后从中找出多边形内角和的规律。

评论：这个情境能培养学生动手操作能力，但是量出每个角再求和比较复杂，而且通过一个四边形和一个五边形的内角和要求学生找规律，难度大，不符合学生的最近发展区。

以上两个案例创设的数学课堂情境都脱离了课堂教学目标，创设的情境与教学目标不符，对学生知识的掌握起不到作用。因此，在创设情境时要认真地想一下，为什么要创设这个情境，设计这个情境要达到什么目的？一个好的数学课堂情境应具备如下条件：

第一，具有一定的真实性和现实意义。

第二，能引起学生兴趣和思考，具有一定的挑战性，有利于学生创造能力的培养。

第三，适合不同认知水平的学生学习，提出的问题要具有层次性。

第四，问题解决方式具有多样性。

第五，符合教学目标、教学内容和教学要求。

数学课堂情境设计有效性主要有以下几个方面：

可接受性：问题的设计要根据学生的年龄特征和认知水平恰当地设置，要考虑到学生能不能接受，要设置合适的"路径"和"梯度"，便于学生利用学过的知识和技能来解决问题。

直观性：问题的设置内容要直观、易懂，符合数学学科的特点，使学生能借助直观领悟数学的本质，提炼数学思想方法，使学生灵活运用数学。

　　开放性：问题的设置要有层次性、入口宽、开放性强、解决方案多，学生的思维和创造的空间大。

　　挑战性：问题的设计要能激发学生的认知冲突，激发学生的学习兴趣，为学生提供足够的探索空间，促进积极参与，接受问题的挑战。

　　真实性：真实的情境有利于培养学生的观察、思维和应用能力，有利于学生在真实的环境中培养真实的情感和态度。学习情境越真实，学习到的知识越容易在真实的情境中起作用，达到预期的效果。

第三章 初中数学单元教学方法与设计

第一节 单元教学概述

笔者用自学指导教学法完成了初中阶段三年的代数教学后，又实验了用自学指导教学法进行单元教学，这种单元教学，是自学指导教学形式的延伸和发展。单元教学是根据学生的学习状况，在几个课时内采取课内外结合来完成教学活动的几个环节。下面谈谈从课时授课到单元授课的体会。

一、如何合理划分单元

划分单元的依据是：

第一，现行教材的知识结构情况。

第二，力求知识内容的相对完整。

第三，适合学生的自学能力基础。

所谓知识结构，即知识本身的逻辑体系，也就是学科中的基本理论和基本方法。因教材而异，本着概念、性质、法则 —— 应用分类顺序所体现的知识逻辑系统去划分单元，也要求学生本着这个思路去认识理解归纳小结所学单元的内容，使知识条理化，同时形成学生的认知结构。

单元划分不宜过大，通常以书中一个大习题作为一个教学单元，根据知识内容确定教学时间，一般四五课时，若自然单元过大，可化成若干个教学单元。例如：在讲正比例函数与反比例函数时，把正反比例函数划分为一个单元，采用比较记忆的教学方法，从定义、图像、图像的做法、常数 K 的作用和函数的增减五个方面进行比较，这样利于学生加强理解、加深记忆。总之，单元的划分要因教材和学生的接受能力而异，要尊重课本，打乱课本的顺序不利于学生自学。

二、单元教学的教学过程

遵循"概述、自学、讨论、讲解、练习、小结"的教学环节，但在运用上要比较灵活有层次，又不截然分开。

概述是单元教学中的主要环节，要让学生知道所学章节和前面章节的联系、对后一章节的影响，以及它在本学科中的地位、能解决哪些问题，给学生一个整体感，让学生对所学知识有一个概括的了解。从揭示知识的内部联系出发，激发学生探索的欲望。例如，在讲解斜三角形时就设置了这样的情境：既然用直角三角形的边角关系解决不了斜三角形的问题，那么我们能不能也像研究直角三角形那样，找到一个简明的边角关系，来解决众多的一般的三角形的问题呢？再如，在讲高次方程时谈道：会解一元一次方程，一元二次方程的因式分解法是不是把二次方程转化成一次方程？那么我们用这种方法来解高次方程是否可行呢？概述时还要把重点、难点、关键交给学生，并帮助学生扫清一些非知识性的障碍，如符号的读法，以免耽误时间。要把时间分配告诉学生，以便学生合理安排课下时间。

单元的第一节课首先是概述，约用 15～20 分钟。然后自学，25 分钟的自学时间肯定是不够用的，这样就要求学生课下完成自学，并在练习本上做低层次的部分练习题，让知识第一次再现，这就是第一节课的课外作业。

第二节课一开始就进行讨论，讨论的内容是：学生所看内容的难点、关键，自学课文中有哪些公式、法则有哪些看不懂的地方（或提出一些问题），互相检查上节课所留作业答案。通过课堂讨论，学生大脑中的内部信息得到交换，学生自身思维的封闭系统转向开放，使自己的思维得到不断的调整，直至引向更高的认识阶段。这是极好的思维品质训练，是教师所不能取代的。当学生讨论时，教师也成为讨论中的一员，并注意及时获得学生的信息反馈，根据出现的情况，集中综合，调整完善自己的教学过程，修正实施方案，以期取得最佳效果。通过学生的讨论、老师的答疑、解题格式的订正，实际上是对所学知识做了第一次强化。

第三节课是讲解。讲什么呢？我们认为，要讲指导性、规范性的知识，要讲攻破难点的知识，要讲学生还普遍不懂的知识，要讲开阔思路、引人入胜的知识。讲解起点要高一点，要使学生感觉有升堂入室的效果。在讲中要有练，讲练结合，并留下高层次的作业题，进行第二次强化。这就要求教师要根据教材的要求和从各个渠道得来的学生的反馈信息，对第三节的讲解进行精心设计。例如，已知两边及一边的对角做不出唯一的三角形来，这在几何中已经学过，在解三角形中就是已知边、边、角解三角形的问题。但学生头脑中没有关于解的情况，而课本上只做出了图示，学生看不明白，这就是我们这节课讲解的重点和起点，要让学生透彻理解，以后遇到边、边、角时能自如地判断解的情况。在讲正比例函数与反比例函数时，我们主要引导学生讨论常数 K 的作用。

最后一两节课就是练习和小结。根据情况可以先小结后练习，也可以先练习后小结。教师根据已有的经验和学生易犯的规律性错误，设置一些有针对性和综合性的问题来巩固所学知识，进行第三次强化。课本后的练习与习题，往往是在自学完后，分层次地布置下去。小结的练习，一般配备课外的一些习题和学生易出错误的练习题，教师可根据实际情况自己编写。

小结一般是在教师的引导下进行，可用表格、图示等形式，要求学生编出自学提要和做好这一单元的知识结构总结。

单元教学的过程是使学生掌握知识不断强化的过程，也符合学生的认识规律。概述和自学是感知阶段，讨论和讲解是理解阶段，练习和小结是巩固和应用阶段。

三、为单元教学所采取的相应措施

（一）要求学生弄清知识的来龙去脉

进行单元教学由于跨度的加大，有的学生看前忘后。自学时告诫学生不要一扫而过，只求结论，要了解知识的横纵联系，要弄清每个概念、法则的来龙去脉，时刻提醒学生反复思考，知其所以然。

（二）要求学生养成记笔记的好习惯，逐步提高记笔记的要求

起初笔记的内容可以是重点、难点、定义、法则，回答自学提要中的问

题。以后再逐步加上解决难点的关键、题型的归类、自己存在的问题等。记笔记是督促学生学习的好办法，可促进思维条理化和提高文字表达能力，笔记也可做复习时的依据。

（三）加强督促检查

单元教学以后可能产生几种不良倾向：第一，课下自学作业时间不保证。第二，完不成任务就抄袭。第三，潦草应付差事。第四，课上自学时间弹性处理。由于学生阅读能力有差异，所以在确保 15 分钟左右的绝对安静以外，其余的时间允许在不影响他人的前提下，互相磋商，互相解疑，并鼓励会的学生主动、耐心地帮助不会的学生。

由于以上原因，一旦产生错误概念，就会引起连锁反应，越学越糊涂，所以必须加强督促检查。除教师检查外，每组指定一两个成绩较好的学生去检查、监督和帮助成绩较差的学生。

第二节　单元教学设计的基本环节

在初中单元教学设计中，最重要的一类是某一"章节"的整体教学设计，目前关于这一问题的系统理论不多，大多是一些零散的个别化做法，缺乏系统性。结合个人教育实践经验，初中数学某一"章节"单元教学设计应该包括《义务教育教学课程标准（2011 版）》（以下简称《标准》）分析、教材分析、学情分析、教学目标分析、课时划分、课时教学设计、评价设计与教学反思等基本环节。

一、教材分析

第一，分析《标准》的要求。

第二，分析每课教材内容在整个学期的学习内容和本单元中的地位与作用。

二、学情分析

奥苏伯尔说过："影响学习的唯一的因素就是学生已经知道了什么，要探明这一点，并依此进行教学。"学情分析包括起点能力、技能目标、支持性条件等，具体指掌握数学知识的现状、学习能力的现状、生活经验的现状和学习兴趣的现状等，是一切数学教学活动的起点，也是进行科学的单元教学设计的基本前提。

比如，在利用一元二次方程解决实际问题时，重点是建立方程模型，难点是从题目中寻找等量关系。这就需要学生具备一定的文字阅读能力，理解问题的实际背景和数学背景，有相应的生活经验、数学经验、实际问题数学化能力等。要预见学生会遇到以下困惑：题目冗长、题意晦涩、数量关系复杂、数量关系隐蔽、选择哪个量设未知数、直接设元还是间接设等；还要关注学生个体之间的差异性，决定各个课时的教法与学法的选择。

三、教学目标分析

布鲁姆认为，教学目标就是师生所预期达到的学习效果和标准，是教学的根本指向和核心任务，也是教学的关键。教学目标的定位不同，将直接影响教学设计的合理性和教学的有效性。在上述分析的基础上，根据教材的内容，确立本章教学目标、选择教学任务，确定本章的教学重点，划分教学课时，明确各个课时的目标和各个课时教学之间的关系与作用。

四、课时划分

课时划分一般因人而异、因学情而定，限于篇幅，此处不再详述。

五、课时教学设计

课时教学设计就是通常的教学设计。课时教学设计一般包括教学目标、教学重点、教学难点、教学方法、教学过程、课后评价、教学反思等环节。其中教学目标是核心，教学重点是关键。北京师范大学史宁中教授说过："教什么永远比怎样教更重要"，可见教学目标设计、教学重点的确立的重要性。教学目标对教学设计具有指向性和控制作用，是一节课的"导航灯"，课时教学的灵魂。课时教学设计的所有要素都是围绕着教学目标展开的，教学重点的确定、教学难点的突破、教学策略的选择、教学任务的遴选、教学评价和教学反思等，都离不开教学目标的指引。确定课时教学目标要读懂《标准》、吃透教材、理解学生。根据教材分析和学情分析，选择具体、明确的行为动词来陈述。同时，因为三维目标不是互相孤立的，在目标陈述中，要注意几个维度的整合。目标要具体、具有可操作性，在教学任务中渗透每条教学目标。在此基础上确定教学重点、易化难点，合理选择教学策略，最大限度地激发学生的主动性和积极性，实现学习主体的有效参与。

六、评价设计

评价主要包括过程性评价、课后作业和单元检测等的设计，其中的重点是过程性评价和单元检测的设计。

（一）过程性评价要关注过程

1. 关注学生参与学习的过程

即学生在课堂听讲、自主学习、合作探究、交流展示等环节的积极性和态度。

2. 关注学生对知识与技能的理解

比如，在一元二次方程的解法学习中，不要单纯地要求解方程的速度和数量，要关注学生能否根据方程的特征灵活选用适当的解法，体现思维水平层次。在一元二次方程的应用的教学中，不局限于能否找到相等关系，根据问题情境正确地建立一元二次方程模型，还要关注参与活动的积极性和在探究过程中思维的准确性、广阔性、灵活性等。这部分所选的例题和习题的难度要适中，不能太难。

3. 关注学生的数学应用意识的提高

安排学生的自主探究活动，自编一些有关一元二次方程的实际问题，形成应用意识，提高解决问题的能力。

4. 关注数学思想与核心概念的渗透

在求解方程、解决问题过程中，有意识地渗透分类讨论、类比、化归、几何直观等数学思想与核心概念教学。

（二）单元检测要强化基础

命题水平是衡量老师专业素养高低的标准之一。检测中应该关注基础内容，加大基础问题的数量，梯度合理、难度适中。既有利于发挥检测的反馈功能，使教师及时进行教学反思，找出教学缺陷，在后续教学中弥补，也有利于发挥检测的激励性——"水泵"功能，鼓励学生的学习积极性。

七、教学反思

教学是否成功，学习目标是否达到，设计的教学活动是否有效，教学策略是否合理等，除了教学评价之外，还有待于教学实践的检查。它体现了《标准》的结构性，也体现了数学知识的系统性、数学教学的整体性和学生认知的建构性，有利于学生的终身教育。把握单元主题、整体设计教学，有利于师生形成本单元的知识链条和结构体系，避免"只见树木不见森林"的教学误区，提高教学的有效性和学习的系统性，体现"反思、修改、提高，再反思、再修改、再提高"的教师成长模式。总的来说，单元教学设计是一个崭新的命题，一个富有生机的命题，是数学教学设计大家庭的主要成员。

第三节　单元教学设计方法

初中数学中的单元教学设计是很重要的一个方面，教师在每单元开始就给学生作整个单元的知识点介绍，做到师生心中有数，这需要良好单元教学设计来支撑。比如：因式分解单元可分解为因式分解概念和分解方法两个流程，总体把握好整式乘法与因式分解之间的互逆关系。通过单元教学设计的呈现，让学生更加快速地理解和掌握本章知识点，提升数学教学效率，从而提高学生的成绩。在初中数学的单元教学设计之中有什么样的注意点，以及如何进行科学有效的单元教学设计，对于单元教学流程是很重要的，应在单元要素分析以及单元教学目标确定的基础上，针对整个单元的教学内容选择适当的教学策略，进一步形成单元教学方案。单元教学设计所强调的是一个整体教学，然而要实现这个整体，需要从单元的宏观层面开始，逐层过渡到微观层面，具体地说就是要将其细化为不同的阶段，同时每个阶段又要在一定的课时中去实现。

在单元教学目标确定之后，需要将单元教学流程进行分解。在教学流程设计中，在考虑到教学前后衔接的同时，又要照顾到每个课时之间的联系，要从单元流程到课时流程，做到既有阶段性，又有知识的连续性。这样单元教学的流程就在两个层次上展开，一个是单元整体流程，指的是整个单元的阶段划分以及针对教学重难点、学情分析对每个阶段课时的划分；另一个是课时流程，指在考虑每节课彼此之间以及其与单元总目标之间联系的基础上，落实到每个课时的具体教学方案，在此基础上形成单元教学方案。

一、单元教学设计实施的注意点

（一）单元教学设计不只是要结合书本，还要结合实际

初中数学的学习也是数学基础的学习，要为高中乃至大学的学习打下基础。所以单元教学设计需要向远处看，只是紧密结合书本的教学设计是远远不够的。在平时的课堂之上，教师还要向学生灌输各种各样的数学思想，这些都是书本上所不具有的知识，教师要通过讲授自己的解题经验以及实际的解题思路，传达给学生每个知识点所涉及的数学基本思想以及知识点之间的联系，提升学生的解题速度，锻炼学生的解题能力。

（二）教学设计要具有趣味性

传统的数学课堂是"填鸭式"的教学方法，教师黑板板书和讲解，学生记笔记，这样的教学虽然符合当前的应试教育，但教学效率显然存在问题，老师局限于就课论课，学生在课堂之上得不到交流，思想方法也得不到拓展，思维素质就得不到提升。所以，教师们需要改善这样的教学方法，把单元教学设计得更具活跃性和趣味性，激发学生学习数学的兴趣，提升学习成绩。

（三）课堂设计还要注意例题的选择

初中数学的学习依靠的是例题的示范解析，学生在例题里学会各种各样的解题方法、解答步骤以及数学思想，比如一道经典的分类讨论的例题，就

能传达给学生分类讨论的数学思想；还要注重知识间的联系，再碰到类似习题，学生就有了解题的思路，解题的速度就能得到大大的提升。在单元教学设计中，例题的选择要具有经典性、创意性和连续性，一些学生经常碰得到的例题可以少量加入单元教学设计中，而一些具有创意性和思维性及拓展性的例题可以进行着重的解析，让学生再次碰到这样的题目时不再是手足无措。

（四）听取学生的意见和建议，改善单元教学设计

单元教学设计不单是教师需要努力进行改良的，学生也要积极参与，提出意见和建议，让教师及时得到课堂的反馈，从而改善设计方案，提升教学效率。这需要教师在课堂上多与学生进行互动，让学生对单元教学设计提出问题，教师悉心听取，让单元教学变成互动交流的学习平台。这样的单元教学设计能让学生学起来更快、更轻松，让教师也省去许多板书的时间，大大提高了教学效率。

二、单元教学设计方法注意点

（一）以学生为主体的教学设计

学生是学习的主体，初中数学的教学尤其要以学生为主体，提升学生的自主学习能力，提升学生的数学成绩。学生主体性的教学思路是不变的，单元教学方案的设计要紧紧围绕学生，让学生体验到数学的魅力，引起学生的学习兴趣。

（二）多媒体课件的教学设计

如今，黑板的板书比不上多媒体课件的讲解速度，所以很多教师乐于使用多媒体来进行授课。比如，在"图形的相似"这一单元的学习中，学生要掌握三角形相似的理念和相似三角形的各种性质和条件，在证明题中的运用等各种知识点。运用多媒体教学设计，可以大大节省课堂之上黑板作图解析的时间，多媒体课件能清楚地展示出相似三角形的性质。这一直观、简洁的数学教学设计能让学生学习数学知识要点更快，掌握数学公式更加轻松，从而提升教学的效率，提升学生的学习成绩。但也要注意多媒体的合理应用。

（三）单元教学设计与情境法

合理的情境运用能让单元教学设计锦上添花。情境教学法是相当重要的一种数学教学方法，让学生结合实际情境学习数学知识，让数学理念成为生活的一部分，巩固学生的数学知识。情境的运用需要结合当前的课堂内容，把数学问题转化为实际生活中碰到的案例，让学生进行探究，提升学生的自主学习和自主探究能力。

三、教材编排适合单元整体教学

教材编排的特点是"问题情境—建立模型—解释、拓展与运用"。但各种版本教材的编写，无论是数与代数，还是图形与几何、统计与概率，专家在编写时除遵循课标要求外，还遵循着一定的套路。例如，数与代数部分，数的学习是先认识数（整数、小数、分数、有理数、无理数、实数等），然后借助一定的工具或手段进一步深入学习数的大小比较和数的运算，初中阶段经历两次数的扩充，其内容编排都是如此；公式的学习（整式、分式、根式等），首先了解定义，然后涉及式的运算及实际运用；函数部分（一次函数、反比例函数、二次函数），以实际问题建立模型，了解概念，借助图像探究性质，运用性质解决实际问题。图形与几何部分，无论是三角形、四边形、还是圆形，无论是全等，还是相似，往往需要借助图形的变换（平移、旋转、轴对称等），用运动的观点来认识和理解，同样暗藏基本套路，其基本套路大致可以理解为"什么是它？它有何特征？如何说明是它？学后有何用？"这说明数学教材的编写很有套路。总之，不同的代数内容具有相似的编写套路。

四、创新设计有利于单元整体教学

教材是美的，我们能从教材所包含的内容和叙述的方式体悟到一种美感。当然也有教材局限性所造成的困扰，正是这种困扰，成为创造性教学的契机，我们需深钻教材，重新设计，思考从开局到展开到高潮然后到结局，每一步都基于对教材的欣赏、改造和完善。教学设计就是对美的完善或者重塑。根据教材的编排特点，就"二次函数"一章的内容进行如下单元整体教学设计。

（一）释题

二次函数。函数的概念并不陌生，函数概念的本质特征是两个变量 x 和 y，x 变化，y 也跟着变化，当自变量 x 在其取值范围内任意给定一个值，y 都有唯一确定的值与之对应，则称 y 是 x 的函数。为解决生活中实际问题的需要，根据我们已有的知识，在前面已经研究学习过两类函数（一次函数和反比例函数），掌握了学习函数知识的经验，了解了函数知识呈现的一般套路：定义—结合图像探究性质—运用知识。我们已经见过二次式和一元二次方程，再联系一次函数的一般表达式，不难猜测二次函数的定义，其表达式肯定是一个关于自变量的二次整式，与一元二次方程不无联系，故需复习一元二次方程的相关知识。

设计意图：凸显新旧知识之间的内在联系，让学生感到亲切而不可怕，并不陌生，并不难学。通过学生对旧知识的回顾，让学生认识到暗藏的学习套路，蕴含重要数学思想，从而让学生真切地感受到新知识不新，旧知识不旧，新知识可以通过类比转化为旧知识，旧知识可以为新知识的学习做好铺垫。

（二）创新设计

以生活中的实际问题建立数学模型，类比一次函数的定义，定义二次函数，其表达式为 $y=ax^2+bx+c$（a，b，c 为常数，$a \neq 0$）。类比一次函数 $y=kx+b$（k，b 为常数，$k \neq 0$）的分类，b 为 0 是特殊的一次函数（正比例函数），就 k 的正负画图探究其性质，说明二次函数相比一次函数类型更多，也更复杂，只有 $a \neq 0$，怎么探究二次函数的性质？凭经验仍需借助图像来探究，类型如此之多，从哪儿开始？我们不妨观察二次函数的一般表达式与一元二次方程的关系，将二次函数 $y=ax^2+bx+c$ 进行配方，可以得到二次函数的另一种形式 $y=a(x-m)^2+n$（a、m、n 是常数，$a \neq 0$），研究一个问题，可以从最一般的开始，也可以从最特殊的开始。根据经验和认知规律，为了简便起见，常常从最特殊的情形入手。假设从最特殊的开始研究，我们应该先研究哪一个？接着研究哪一个？师生讨论交流，共同商定研究顺序：

$$y=x^2 \qquad\qquad y=(x+m)^2$$

$$\downarrow \qquad\qquad\qquad\qquad \downarrow$$

$$y=ax^2 \qquad\qquad y=a(x+m)^2$$

$$\downarrow \qquad\qquad\qquad\qquad \downarrow$$

$$y=ax^2+b \qquad\qquad y=a(x-m)^2+n$$

然后逐一探究，易于学习、把握其内在联系和细微区别。

设计意图：这样设计，学生获得的不仅仅是具体函数图像的特征的知识，更是数学研究的顺序、数学学习的套路，还是一种思考问题的方法。

五、教学改革期盼单元整体教学

新课标倡导学生自主探究、合作交流、动手实践，实施单元整体教学为学生创设了更大、更广阔的探究空间，最大限度地激发了学生的求知欲。课程改革不但要让学生掌握知识，而且要在掌握知识的基础上感悟、提炼数学思想方法。要掌握数学思想，就必须进行独立思考，实施单元整体教学，为学生创设更多独立思考的空间。二次函数概念的得出源于生活，以图像为载体探究二次函数性质，学生动手实践画出图像，自主探究、自主归纳其性质。实施单元整体教学更有利于学生感悟提炼数学思想。

六、学生发展呼唤单元整体教学

新课标指出，数学教育应面向全体学生，实现人人学有价值的数学，人人都能获得良好的数学教育，不同的人在数学上得到不同的发展。教育的终极目标是学生的发展，实施单元整体教学，可以最大限度地调动学生的主动性，培养自学能力，激发探究欲；可以减负提质，省时高效；利于从整体把握知识，便于存储和提取。这样，学生不仅能学到知识，更能学会学习，因此，实施单元整体教学有利于学生的可持续发展。

　　总之，课改之路没有尽头，没有终点，思路决定出路，态度决定高度。只要我们广大一线教师充分挖掘教材，从学生的实际出发，大胆探索，勇于创新，乐于实践，定会找到适合学生最好的发展教学方法。

第四章　初中数学单元教学设计策略及案例

第一节　单元教学设计的意义

一、单元教学设计的内涵

单元教学设计是运用系统方法，对某个教学单元所涉及的各种课程资源进行有机整合，对教学过程中的各个部分做出整体安排的一种构想，即为达到整个单元教学目标，对教什么、怎样教、达到什么目标等所进行的教学策划。

数学单元教学设计也称为数学主题教学设计，一般包括模块教学设计、章节教学设计、几章整合性教学设计、知识点（比如基本概念、基本方法、数学原理、数学核心概念、数学综合能力等）专题设计等。

二、单元教学设计的依据

（一）基于《义务教育数学课程标准（2011 年版）》（以下简称《标准》）内容的整体性

整体是事物的一种真实存在形式。《标准》的内容安排有鲜明的整体性。它统筹考虑了初中 3 年的课程内容，根据学生发展的生理和心理特征，将课程内容整合为 4 个领域：数与代数、图形与几何、统计与概率、综合与实践；课程目标划分为 4 个方面：知识技能、数学思考、问题解决、情感态度价值观。课程目标由 3 个维度构成：知识与技能、过程与方法、态度情感、价值观。在数学教学中，强调"四基"培养与"四能"发展；注重发展学生的 10 个核心素养（也称为核心概念）：数感、符号意识、空间观念、几何直观、数据分析观念、运算能力、推理能力、模型思想、应用意识和创新意识等。

4 个领域、4 个课程目标、3 维课时目标、"四基""四能"和 10 个核心素养，都各自独立成篇，自始至终、一以贯之；又互相渗透、相辅相成，构成了初中数学知识的基本框架，编织出初中数学教材的一个多维体系。

（二）基于数学教育的系统性

华东师范大学张奠宙教授说过："教师的主要任务是将数学知识的学术形态转化为教育形态。"数学是研究数量关系和空间形式的科学。数学知识、数学方法和数学思想本身都具有高度系统化的特点。

学生对这些知识和方法的掌握、认知结构的形成，也需要一个统筹兼顾、整体规划的"学习场"，从而决定了数学教育的系统性，单元教学设计正是体现这种系统性的首要载体。

从教材角度看，数学教学单元是介于学期教学和课时教学之间相对独立的、完整的教学单位，具有相对独立性，同时又具有承上启下的衔接功能。"上"衔整个学期教学目标，"下"接课时教学任务。所以，单元教学设计是学期教学设计和课时教学设计的联系纽带。

从教师角度看，进行单元教学设计可以使教师胸怀全局、高屋建瓴，为课时教学构建"先行组织者"。弄清单元目标与课时目标之间的层次关系，整体把握学段目标、学期目标的分步落实；有步骤、有计划地调控单元教学进程，疏通各课时目标，突出单元教学重点，分解单元教学难点，从单元整体上系统落实因材施教、及时反馈，防止教与学缺陷的积累。单元教学设计能够突出数学课程的本质，去掉"细枝末叶"，彰显数学核心素养；将整体性与过程性结合在一起，使发现式学习和开放性教学有合理的"度"。统筹兼顾、协调讲授教学与自主学习的关系，引导学生独立思考、主动探索、合作交流，体现《标准》中要求的教学方式和学法多样化的理念。

从学生角度看，只有整体厘清本单元教材的内容、地位、目标、学法，明确本章的学习主线，围绕"本单元要学什么内容""为什么要学本单元""怎样才能学好本单元"等问题，有意识进行"双基"和"四能"的系统训练，建立单元内数学对象的结构和完整认识，形成本单元认知结构体系，培养系统思维，养成全面思考问题的习惯，避免"盲人摸象"的误区。

三、单元教学设计的原则与注意事项

第一，以单元或章为单位，体现各个知识点之间的逻辑关系。

第二，体现单元学习的完整性。

第三，体现单元学习的层次性。

第四，多种教学形式相结合，教师主导、学生探究相结合。

第五，注重单元内容的综合运用。

第六，提供评价方法及模板。

四、单元教学设计的意义

教学设计是教学中非常重要的环节，做任何事情都需要做一个设计规划，这样就会使我们做得更加明确。

单元设计，首先要明确什么是单元，比如说一章、一个模块、一个模块里的一块面、一元二次方程这章，可以当作一个完整的内容来进行设计。当然，也可以做跨章节的内容的教学设计。比如说一次函数，可以把一次函数这章分为三个部分，第一部分是平面直角坐标系，函数知识初步，第二部分是一次函数的知识，第三个部分是反比例函数的内容。函数知识是初中的一个重点，怎么样对这些进行教学设计，有一个整体的思考非常重要。

另外，作为教师应该关注关于方法和能力方面的单元教学设计。比如计算，就可以考虑一下，在初一、二年级里，怎么样进行设计，使得学生的计算能力从小学的水平，能够有一个明显的提升。我们可以分析一下，支持计算能力的，在课程中有哪些载体。然后在这些载体中，应该如何帮助学生提升他的计算能力。所以这样的一些思考，都是单元教学设计方面很重要的内容，与我们传统单元教学设计的内容相比，需要视野开阔一点。在单元教学设计，有一个或者有两个核心的主题词，第一个是整体，第二个是效率。

做好单元教学设计，就能知道在什么时候讲到什么程度。对有一些概念，比如：弧度，也可以有一个单元的整体思考。因为绝不是说讲弧度的定义的时候，才会涉及弧度。否则就无法向学生解释清楚为什么加入弧度概念等，所以我们应该以一个整体的观点来思考整体的教学，这样会提高教学效率。

第二节 个性化单元教学设计

一、个性化的单元教学设计的含义

个性化的单元教学设计，即遵循个性化教学的基本理念，在现行教材的基础上从单元整体角度出发，根据《标准》要求、知识联系和学生差异性，对教材单元进行优化和调整，合理拟定单元教学目标和各课时具体目标，在教学中选择适于学习的个性化教学模式，培养学生整体意识和个性发展，并形成相对完整的单元的教学活动。

二、个性化的单元教学设计的一般步骤

个性化的单元教学设计的过程是一个整体过程。一方面，要体现个性化教学的理念，采用以学为主线的个性化差异教学，以生为本的内容呈现和教学方式；另一方面，力求体现教学设计的系统性、整体性、计划性和科学性，以单元总目标为中心，统一内部和整体之间的密切联系及相互渗透，进而全面展现个性化教学设计的一般过程。

与小学数学相比，初中数学教材结构更具有逻辑性与系统性，初中生已经具备一定的逻辑运算能力和合作交流能力，为实施单元化个性化教学奠定了基础。下面以"勾股定理"的教学为例。

（一）整体分析，优化单元结构

"勾股定理"属于空间与图形领域的内容。"勾股定理"作为一个单元，主要包含："勾股定理、勾股定理的逆定理、勾股定理的应用"三个方面的内容。勾股定理是反映自然界基本规律的一条重要结论，它揭示了直角三角形三条边之间的数量关系，将形与数密切联系起来，在理论上占有重要的地位。勾股定理具有悠久的历史，在数学发展中起过重要的作用，在现实世界中也有着广泛的应用，勾股定理的应用蕴含着丰富的文化价值。勾股定理及

其逆定理的学习，进一步地研究了直角三角形，也为后续有关几何度量运算和代数学习奠定了必要的基础。

学生在此之前学习了三角形的有关知识，了解了直角三角形的概念及性质。在此基础上，经历勾股定理及其逆定理的探究过程，提高学生对数形结合的应用与理解，能够进一步丰富学生的数学活动经验，培养发现问题、分析问题和解决问题的能力，提高逻辑推理及证明能力，能够充分发挥学生的主动性。同时，初中高年级的学生具有好强、敏感、思维活跃等特点，在学习上有强烈的求知欲望，乐于在探究中发现新知和表现自我。因此，这个单元的内容具有典型性，具有承上启下的重要地位。

在整体分析，优化单元结构的环节中，要注意以下三个要点的设计：

1. 确定个性化单元教学的核心目标

在开发个性化的单元教学设计，需要依据《标准》、教材和学情，确定好单元教学目标和课时教学目标。单元教学核心目标是指本单元在学科内容领域上索要达成的整体的终极目标，只有制定好单元教学的核心目标，才能够在课时目标中，合理有效地实施和确定，为教学设计点明方向。

通过对《标准》、教材和学情的分析，"勾股定理"单元教学的核心目标为：经历勾股定理及其逆定理的探究、证明和应用，发展空间观念和推理能力，体会数学的文化价值。与之对应的三维教学目标设计如下：

知识与技能目标：经历勾股定理及其逆定理的探索过程，了解勾股定理的各种探究方法及其内在联系，进一步发展空间观念和推理能力；掌握和理解勾股定理及其逆定理，运用其解决简单的实际问题。

过程与方法目标：经历"观察—猜想—归纳—验证"的探索过程，通过割补法、面积法等探究方法，体会数形结合、化归和从特殊到一般的思想。

情感态度价值观目标：通过学习探究活动和解决实际问题，学生在合作交流中体会成功的喜悦，感受数学与生活的联系，培养数学应用意识；体会勾股定理的历史文化价值，增强学生的爱国情感和民族自豪感。

2．设置单元课时安排

在参照教师用书的基础上，依据《标准》、教材和学情等多方面因素调适教材内容，将单元课时安排如表 4-1 所示：

表 4-1　单元课时安排表

教师用书 课时安排	课型	调适之后 课时安排	课型
探索勾股定理 （2 课时）	新授课	探索勾股定理 （2 课时）	1 节新授课
			1 节活动探究课
一定是直角三角 （2 课时）	新授课	一定是直角三角形吗 （1 课时）	新授课
勾股定理的应用 （1 课时）	新授课	勾股定理的应用 （2 课时）	1 节新授课
回顾与反思	复习课	勾股定理的应用 （2 课时）	1 节活动探究课
			复习反思课

送样调整课时的原因：在勾股定理及其逆定理的探究过程中，需要将更多的时间用于学生自主探究。从自主学习的过程中，强化同类知识之间的迁移学习能力，注重差异教学，关注个性的发展。为了培养学生的分析和解决问题的能力，以及创新能力的发展，设置了两节活动探究课。从宏观的单元角度思考，对不同的教学内容做出整体规划，确定教学设计的整体框架。

3．构建章节思维导图

通过对单元教学内容的宏观认识，从全局的视角清理单元里的概念、知识结构以及它们之间的关系，建构起各概念知识间的发展、联系点，构筑单元教学的整体性、结构性思维导图。建构合理有效的思维导图，有助于教师在教学设计、教学过程和作业设计各环节中有更好的教学思路的指导。"勾股定理"单元的内容及知识结构图如图 4-1 所示：

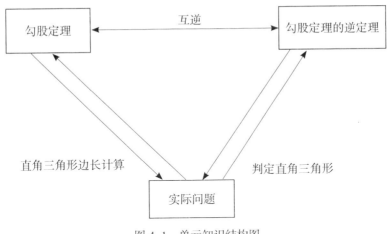

图 4-1 单元知识结构图

（二）精细设计，优化课时教学

课时教学设计关注教学单元的连贯性和整体意识，是完成单元教学任务，达成个性化的单元教学目标最为重要的环节。在此背景下的课时教学设计，应是教材从整体到局部、从片到点、从概括到细化的优化整合。同时，要突出个性化的单元教学设计，关注不同学生的共同进步，体现在教学设计中对于课时目标分层、教学模式、学习任务等环节的特殊设计中。在精细设计，优化课时教学的环节中，要重点关注以下四个要点的设计：

1. 课时教学目标的设定

课时教学目标是具体体现和细分单元的核心目标，并构成了一个目标体系。课时教学目标通过对三维教学目标的分层深化，既要根据学生的个性差异体现目标的层次多样性，促进不同水平的学生对基础性和发展性目标的达成，满足学生的共性和个性发展，又要把握好各课时目标之间的序列性与过程性，体现出单元学习的清晰主线，促进对整体知识的学习。因此，在课时目标设置时，要抓住序列性和分层这两个要点。

"勾股定理"单元的课时之间教学目标呈现的顺序如下：探究勾股定理及证明，体会数学文化，探究勾股定理的逆定理，理解互逆定理之间关系，理解并运用勾股定理及其逆定理解决问题。

例如，在"一定是直角三角形吗"的教学目标设计中，将知识与技能目标分层设计为：

（1）理解和掌握勾股定理的逆定理；认识勾股数；能运用勾股定理的逆定理解决简单的问题；

（2）进一步理解运用勾股定理的逆定理和勾股定理之间的联系；灵活运用勾股定理的逆定理解决实际问题。

其中，水平（1）是所有学生都能达到的基础目标，是针对基础较薄弱的学生和大部分学生设置的；水平（2）是发展性目标，是为学习能力较强的学生设置的。

2. 教学模式的灵活选取

在单元设计中，依据不同课型、不同内容、不同学情选择适合的个性化教学模式，如文中提到的"分组自主学习模式、主题式教学模式、学习顺序教学模式、集体指导补充模式、分层起点模式"。在单元设计中，依据各模式的不同侧重点，灵活选择并运用每种模式。

在"勾股定理"单元的教学中，主要采取个性化教学常用的模式，即集体指导补充模式。在探索勾股定理的第一课时，教学设计的主要流程是：创设情境，即激发兴趣 — 观察特例，发现新知 — 深入探究，交流归纳 — 共同验证，加深理解 — 实践应用，拓展提高 — 课堂小结，畅所欲言 — 布置作业，巩固提高。在教学的各环节中，都要把握个性化的教学及知识之间的连续。例如，在"深入探究，交流归纳"环节中，首先，让学生通过对等腰直角三角形三边的特殊关系思考一般直角三角形是否也具备同样特点。其次，通过教师给出的学习任务先独立思考再与同伴交流。然后，组间表达自己的思想和方法，在经过师生共同讨论，确定初步结论。最后，举例验证，发散思维。

3. 学习任务的设计

学习任务的设计是教学设计的重点环节。学习任务的设计对于问题的研究，是学会学习的高层次体现，也是开放型教学的必由之路，既体现出数学的应用，又是数学的魅力所在。因此，对于不同的学习任务，设计不同的导学资料卡。在设计学习任务中，要把握以下三点。

（1）学习任务的多样性。根据教学目标的细节，根据教学内容把学习任务分成若干个小任务，依次呈现给学生。要注意学习任务的难易程度，让学生在自主学习时具有选择性。

（2）学习任务的时限。学生根据规定学习的时间，合体安排和调整自己的进度。

（3）学习任务中渗透数学思想方法。通过指导性的任务，有意识地渗透数学思想方法，积累数学活动经验。

4. 优化学习组织形式

《标准》中提到，有效的学习活动不能单纯地依赖模仿与记忆，动手实践，自主探究与合作交流是学生学习教学的重要方式。个性化的单元教学设计中，要合理恰当地运用学习组织形式，将个别学习、分组学习和集体学习进行协调到最优化。在传统课堂教学中，留给学生独立思考的时间较少，学生对知识的内化程度不够。因此，在教学设计中，给予学生充足的学习和思考时间，鼓励学生用自己的步调和方法去内化知识和掌握技能方法。在组内合作交流中，有效利用学生之间的共同差异，互相帮助提高。面对师生需要交流，或者难以解决的问题情况时，教师需要及时面向全体学生进行点拨。因此，要在教学设计中，合理有效地处理好各种学习组织形式。

（三）多元评价，优化评价方式

个性化的单元教学设计的评价，是多元化的评价，其实质是体现出指导、学习、评价为一体。在教学活动中，是否发挥学生的主体作用，是衡量课堂教学改革的基本准则。个性化的单元教学设计指向学生的发展，注重对学生的学习活动进行多元化、多样性、发展性的评价，这种评价是集指导、学习、评价于一体的。这种评价区别于传统的以学生的成绩为中心的评判方式，是以学生、同伴、教师等为主体，对学生的成绩、态度、状态等方面多角度的评价。

在多元评价，优化评价方式环节中，时刻把握以下四个方面：

1．注重过程性评价

教师对于学生的学习状态，要做出及时有效的评价。对于学习任务的完成情况，通过自主探究或测试等方法，让学生快速的内化知识，了解自己的不足之处。教师及时进行学生的差异辅导。在学习过程中，教师、同伴、学生自身的评价，对于学生的发展具有重要的指导作用。设计数学自我反思卡，促进学生对自我学习情况的反思；设计小组同伴评价卡，通过学生互相评价，达到共同进步。

2．作业的弹性分层

对学生的评价，不仅关注课堂教学中学习的效果，而且课后通过作业、访谈等方式进行个性化的评价。其中，通过作业的完成情况，是检测学生对学习的知识和方法的掌握情况最直接的途径。在作业设计中，需要注意以下三点：

（1）注意作业的多样性。针对学生的学习水平的差异，设置多种类别的作业，调动学生的学习积极性，例如活动探究作业，课外阅读。

（2）注意作业的分层性。依据单元教学的目标设定，需要针对不同学习水平的学生分层布置作业。

（3）注意作业的连续性。每课时的作业，引导学生在已有知识和技能的基础上，主动去探究新知，起到反馈总结、提高发散和承上启下的作用。

3．单元测试的系统性

单元测试的目的，不是对学生分类、排名或贴标签，而应该是帮助教师和家长认识和了解学生的学习风格和学习需求，并采取适当的措施，帮助每个学生充分发展其潜能。通过系统的单元测试，有助于学生对知识的整体构建，促进教师和学生自身对学习掌握情况的评价。

在单元测试的设计中，要注意以下三个方面：

（1）注意调动学生的积极性，让学生主动去建构知识内在联系。

（2）注意对测试题目设置的多样性，既满足基础目标的达成，又能满足学生的提高。

（3）注意发挥学生的自主能动性，鼓励学生探索和创新。

4．教学设计的评价

科学的评价指标体系可以使评价活动成为学习活动、教育活动，对被评价对象有积极的导向作用。对于教学设计的评价，主要以教学目标、教学内容、教学方法、个性化教学模式和教学资源使用情况、课堂教学氛围、教学评价这六个方面进行。

个性化的单元教学设计的实施效果的评价，主要通过以下两个方面进行：一方面，根据平时分层作业的完成情况的分析，及自我评价卡和同伴评价卡的参考，做好对过程性学习的评价；另一方面，通过渗透分层和关注学生差异的单元测试，对与成绩的朴素分析，进行阶段性的评价。此外，通过教师之间对教学设计的评价和改进，促进教师的教和学生的学。

第三节 单元复习教学设计

初中数学单元复习课在初中数学教学过程中具有十分重要的意义，它的存在不仅仅是数学教学本身的完整性的需要，还是初中生所在年龄阶段能力全面发展的需要。它可以更加系统结构化地将每个学期所学习的数学知识进行有效的归整，从而有利于学生更加深入地了解所学习的数学知识。此外，这种单元复习方法可以培养学生的归纳总结的能力，这对学生各个学科的学习都是十分有帮助的。但目前的初中数学单元复习课在实践过程当中还存在着一些弊端，使得学校的复习教育达不到理想的效果。

一、数学单元复习课的意义

数学开设单元复习课是对学习的对象再次研究，对先前学过的数学知识进行更高层次的概括，更大范围的系统化、条理化，加以深化，让学生高屋建瓴地掌握本单元所学的数学知识，使认识达到更高一层的飞跃。同时，通过"温故"达到"知新"的效果；然后是通过单元复习课的教学，培训学生各方面的能力，复习课教学的任务不仅是对所学数学知识的复习，更重要的是让学生的技能和能力进一步锻炼和发展。《标准》中提到，"教学中应当有意识、有计划地设计教学活动，引导学生体会数学之间的联系，感受数学的整体性，不断丰富解决问题的策略，提高解决问题的能力"。学生在一章内容学完之后，往往对整章内容的逻辑结构还不能快速建立起来，对全章还缺乏整体的认识，甚至对整章的核心内容还不十分清楚，这就需要对全章进行小结与思考。单元复习是学生学习数学过程中的一个重要环节，单元复习课的任务应该是对某一阶段所学知识进行归纳整理，使之条理化、系统化，并通过查漏补缺，进一步巩固、深化基础知识，提高学生的技能、学习能力和解决实际问题的能力，其目的是温故知新，完善认知结构，发展数学能力，促进学生全面的、可持续性的发展。

二、初中数学单元复习课教学存在的问题及其成因

第一，教师在教学的过程中把过多的注意力集中在近期考试能否过关，这导致学生无法从根本上系统地、全面地掌握好数学知识。例如，某记者曾经采访了几位初三的数学老师，记者问"练习课与复习课的区别是什么？"，而教师的回答大都是"基本上没什么区别，主要是通过做练习的方法来巩固知识"。这种复习的方法虽然在一定的程度上能让学生了解考试形式，但这种教学的方法使学生把过多的精力集中在对表面的模仿和操练，不利于学生从根本上掌握这些知识。

第二，因复习时间有限，教师会自己帮学生勾画重点，这致使学生丧失了自己独立思考的机会，学生所记的知识也不深刻。学生逐渐养成了抄笔记的习惯而忽略了培养自己独立思考和探索的能力。

第三，教学效率低下，教师不能够很好地应对学生们不同的思维方式，

整理方法等。因课时有限，教师无法对每个学生的方法一一解释，这使得有些学生的疑问得不到解答。

三、单元复习课教学提升效率所应遵循的原则

（一）应遵循基础性原则

注重单元教学知识在整个数学教学中所发挥的重大的作用。例如，在初中数学课本八年级第一学期中所讲到的"几何证明"，在这章所蕴含的知识点很多，具体来说包括命题与证明，证明举例、逆命题和逆定理、角和线段的平分线、轨迹、直角三角形全等的判定、直角三角形的性质、两点的距离公式、勾股定理等内容。这些内容看似很散，但却一点都不散。前面学的知识都是为后面学的内容做铺垫，所以抓好基础性的原则十分有必要。

（二）应遵循主动性原则

学生应自主地做好预习等工作，自主积极学习。

（三）应遵针对性原则

教师应该在单元复习课教学过程中要根据自己已经有的经验及考虑到每个学生的自身特点及他们在复习过程可能遇到的问题做出指导。在复习的过程中集中精力攻破盲点，例如，在八年级第一学期所讲到的"几何证明"中如果把命题与证明、勾股定理、直角三角形的性质、角平分线、线段的垂直平分线都掌握了，在每次做题时都能对，问题主要是出在三角形全等的证明与判定上，那就要针对三角形全等这部分题进行反复操练与整理，直到彻底掌握这部分知识。

四、初中数学单元复习课教学设计策略

首先，在教育教学过程中教师要充分考虑到学习本单元的知识与其他单元知识的衔接，要让学生对本单元所要学习的知识有一个充分的掌握和理解，并且让学生学会迁移，在以后的学习过程中再遇到类似的题也能够掌握。值得注意的是，教师在学生初期的学习过程当中要处理好教师有效指导和学生

积极主动地参与之间的关系；在教学的过程中，教师要考虑到每个学生的特殊性，对不同水平的学生采取不同的方法，要鼓励学生多和老师或者同学交流讨论，学会吸收新的知识，用来完善自己。

其次，在初中数学单元课复习的教学过程处在中间环节的时候要注重讲授知识点内部的结构性，这样更加利于学生灵活迁移运用知识点解决新的问题。此外，要即时让学生整理自己的思维方法，让学生积极主动地参与进来。

最后，在学生进入知识学习过程的最后阶段时，对所有的知识进行整体的分析，让学生更加清楚地知道这段时间所学的知识点，方便学生回顾，不容易落下知识点。例如，"二次根式"是初中所学到的代数式的最后一个内容。代数式只包括正式、分式、二次根式，这是初中所接触到的代数式的内容。而二次根式在这里面发挥着很重要的作用。复习好二次根式对整个知识网络的复习和回顾都很重要。在单元复习课整理中要对知识块进行整理，这样便于学生记忆，而且还有利于学生整体系统地掌握这块知识。在复习整理的时候要给学生足够多的时间，让学生们把每个学年学到的知识系统地回顾一下。此外，每个单元的知识是相关联的，所以教师应适当地引导和让学生回想以前的知识，这就将整个网络串联了起来，而且还有利于学生接受新知识，这就提高了学生的学习效率。

单元复习课在整个初中数学学习过程中意义重大，搞好这个过程，对于学生学习效率的提高和教师教学质量的提高发挥着不可替代的作用。但复习课并非是单纯的知识的重述，而应是知识点的重新整合、深化、升华。复习课更应重视发展学生的数学思维能力，巩固旧知识是为了获取新知识，同时，要尽可能兼顾每位不同学习层次的学生，要让每个学生都有所得。让不会的学生会，让会的学生熟，让熟的学生精，让学生逐步走出"以题论题"的困境，达到"以题论法"，从而实现"以题论道"，这就是复习课的最大宗旨。

第五章　初中数学合作学习方法与设计

第一节　合作学习概述

一、合作学习意义

合作学习对老师及学生都是有益的，进行合作学习在动机上的好处是多方面的，合作学习提升学生的兴趣，改变其行为和态度上，增加其成功的机会。不论在物理、化学与数学课程等，实行合作学习都有积极且正向的影响与结果。

很多学者曾经针对合作学习提出了自己的见解，比如说，合作学习是学习任务的再设计。合作学习允许学生在小组内分工与合作，还提供学生奉献己力的机会来加速小组任务的进度，并彼此分享学习的喜悦。合作学习不只是坐得近，而且要互相讨论、帮忙与分享。只将学生放在一个小组内学习与建构一个彼此合作的、互赖的环境是非常不同的。还有学者认为，与人合作是一种有系统、有结构的教学方法，在合作学习中，教师将不同能力、性别、种族、背景的学生按4～6人分配在同一小组内一起学习，并且根据全体小组成员的得分给该小组奖励。合作学习教学法把不同特质的学生分配在同一小组中学习，学生彼此间的关系是积极互赖的，学习目标和工作要彼此合作来达成，资源必须共享，成员在小组中也要分担各种角色，为小组做出贡献。

二、合作学习在初中数学课堂教学中的作用

（一）提高课堂教学的平衡性

初中数学学习内容较为枯燥，导致学生学习积极性有所下降。而在开展合作学习之后，教师可利用小组学习的特点开展丰富多彩的学习活动，从而

营造出愉快的数学教学环境。并在小组活动中突出学生的主体地位，鼓励每名学生参与到小组活动中来，通过同学之间的竞争与合作，提高学生学习效率。例如，教师在讲解"一元一次方程"时，学生通过小组合作找寻一元一次方程的类比结果，从而得到相关的一元一次不等式或一元二次方程。学生的独立思考亦可使学生更好地掌握数学知识，加深知识在头脑中的印象。

（二）建立平等的师生关系

传统的师生关系过于僵化，主要原因在于教师受"师道尊严"的束缚，认为教师只有严厉，学生才会真正听从教师的指挥。但这样的思想是错误的，学生不仅不会听从教师的指挥，反而会产生逆反心理。而教育是为了保障学生具有创新思维，亦能健康地成长，因此教师与学生应该建立平等的关系。而合作学习充分体现出学生与教师的平等地位，通过与教师的密切交流，学生可感受到教师不仅是传播知识的人，亦是学生在学校时的家长与朋友。

（三）激发学生创造性及实践技能

运用合作学习亦可帮助学生激发出创造性。将合作学习运用于初中数学课程中，学生可与小组成员共同学习，因具有一定的竞争意识，学生会主动思考与其他同学不同的见解，从而激发出学生的创新思维能力。当教师设立相关课题引导学生自主研究时，学生亦可充分锻炼其实践技能。

三、合作学习促进初中数学课堂教学的方法

（一）筛选合作学习的内容

合作学习虽能促进学生数学能力的提升，但并不是所有的数学知识皆可应用于合作学习之中，筛选正确的学习内容可使小组学习取得事半功倍的效果。首先，教师需要选择具有启发性、讨论性的问题，问题的难易程度需处于适中的位置，过于简单的问题不需讨论也可解答出来，而过于困难的问题则会影响学生的自信心。其次，教师则需要根据教材的内容进行探索，设计出合适的问题，使学生产生合作学习的欲望，从而达到教学目标。例如，教师在讲解勾股定理时，可选择与逆定理相关的问题进行询问，并深入了解学

生生活习惯，结合生活把握重点内容。此外，教师设计的问题需要具有一定的开放性，教师亦须给予学生思考空间与时间，促进小组学生交流与沟通。通过不同思维方式的理解，学生之间的观点不断结合与反驳，问题的答案将会逐渐明确，从而加深学生对知识的理解。

例如，教师在讲解八年级上"数据的分析"时，教师可根据学生的体检表进行设计，促使学生小组间对其数据分析，保障学生学习具有实效性。

（二）选择合作学习的时机

初中数学课堂教学中，教师需要找准时机鼓励学生合作学习，从而提高其合作学习的效果。通常，教师可选择在学生思维较为活跃、学生思维受阻或学生意见无法统一时安排合作学习。当学生思维活跃时，对于教师提出的问题将会踊跃回答，但仍有部分学生无法被点到，从而产生失落感。因此，教师需要设计合作学习，使得每名同学皆能向他人展示自己的观点，结合多名同学的答案，最终得到正确的答案。不仅可满足学生的活跃度，亦可使学生自主找寻自身失误之处，从而进行改正。而当学生思维受阻时，对于问题的理解不够透彻，则需要教师组织合作学习，鼓励学生之间互相交流意见，保障课堂教学的顺利进行。此外，在学生意见不一致时，教师亦可通过组织合作学习进行解决，使得意见不统一双方通过正规渠道进行辩论，从而了解答案的正误。这不仅可以培养学生的合作精神，亦可增强学生的竞争意识，提高其语言表达能力。

（三）完善评价体系

评价体系中需要包含学生个人评价、合作状况评价、合作效果评价、学生自我评价等方面。首先，教师需要根据学生个人学习情况进行评价，可利用激励机制，找寻学生优点，并因此提出相关建议改正学生缺点，学生接受度较高。其次，教师还需针对小组间合作状况进行记录与评价，探寻学生自主学习能力是否达到标准，并给予学生相关建议。最后，学生还需对自我表现进行评价，使自己具有超越自己的决心，从而促进学生对数学知识的接受程度，保障初中数学课堂教学有着事半功倍的效果。

第二节　合作学习的相关设计

一、小组合作学习的目标设计

（一）教学目标要明确具体、最好是当堂就能够测量

小组合作学习时可通过当堂达标检测来检验知识与能力的目标是否完成，情感态度价值观的目标不容易测量，所以，在实际教学使用导学案的过程中，我们更多地是明确提出学习目标是什么，情感态度价值观的目标由教师自己来把握，通过对学生的引导不断渗透到教学过程中，同时要注重数学思想方法的渗透及学法的指导。

（二）教学目标一定要从实际出发，表述要准确，语言表述要简洁

比如，哪些知识点是要掌握，哪些是要理解，哪些仅仅是要求了解知识就可以。课堂学习始终要围绕着教学目标进行，不可随意。小组合作学习的教学目标，还要体现在教师要发挥主导作用，处理好讲授与学生自主学习的关系，引导学生独立思考、主动探索、合作交流，使学生理解和掌握基本的数学知识与技能，体会和运用数学思想与方法，获得基本的数学活动经验；在与他人合作和交流的过程中，能较好地理解他人的思考方法和结论；能针对他人所提的问题进行反思，初步形成评价与反思的意识；在小组合作学习中敢于发表自己的想法、勇于质疑、敢于创新，养成认真勤奋、独立思考、合作交流等学习习惯，形成严谨求实的科学态度；让学生通过小组合作学习学会主动学习、主动探究、学会分工、学会合作，在质疑释疑的过程中，学会分析问题，提高解决问题的能力。

近年来，初中数学课堂教学也在推进课程改革的过程中不断地变化着，由之前的"以教师为中心"逐渐转向"以生为本"，更多地关注学生的参与及其能力的提高和个性的发展。随着新的教育理念的深入，在我们的实际教学中，课堂教学模式也多种多样，有讲授式、讨论式、有发现式、启发式、

探究式、还有现在所倡导的小组合作探究式、学生活动式等。从数学学习的内容来看，有新课、复习课、练习课，还有活动实践课等，这些课的性质不同，教学的目标也不相同。每一次备课时我们都会根据上课内容认真考虑一下本节课该采取什么方式去给学生上课，课后也经常会去反思一下本节课上完之后效果怎样？学生收获了什么？学会了什么？哪些方面是需要改进的？其目的都是期望在课堂上将新课程标准中的"知识与技能，方法与过程，情感态度与价值观"三维目标最大化、最优化，它们不是相互独立的，而是密切联系的一个有机整体。新课程标准下的课堂教学要实现多维目标：知识与能力，过程与方法，情感态度与价值观，在课堂教学中不能顾此失彼。"知识技能"是学生学习的重点。"数学思考"和"解决问题"是对学生发现问题并解决问题的数学推理能力及思维能力的培养。"情感态度"是指让学生通过数学学习，在情感、态度和价值观等方面也有充分的发展。"数学思考""解决问题"和"情感态度"教学目标的实现是通过"知识技能"的学习来完成的，它是以知识和能力为主线，分层落实，面向全体学生；以过程和方法为核心，启发学生，促使学生全面发展；以情感和态度为动力，促使学生积极主动地发展。

二、小组合作学习教学情境的创设

（一）情境创设要有明确的目的性

每一节课都有它的教学目的和任务，创设情境是为接下来课堂教学的各个环节做准备的，是教师用来帮助学生掌握教学内容的，所以学生学什么，教师应在教学开始时导入阶段适当地预示出来，把学生的注意力吸引到即将学习的知识内容上，进而使学生明确学习目标，对新知识有个初步的感受和理解，引发学生自主求知的积极性等，使之主动参与到课堂学习中。

比如，在教学一次函数概念时，可让学生先思考并回答下列问题：

问题1：一列火车以平均90千米/小时的速度向前行驶，已知出发点与目的地的距离是680千米，如果设火车在铁路上行驶的时间为 t 小时，火车距目的地的距离为 S 千米，则 S 与 t 的函数关系式为＿＿。

问题 2：小明为赞助希望工程现已存款 100 元，从现在起他每月存 10 元，如果设从现在开始的月份数为 x，小明的存款为 y 元，则 y 与 x 的函数关系式为＿＿。

问题 3：探究与交流：上述两个函数有什么共同特点？这些函数可以写成怎样的一般形式？还能举出其他在实际生活中具有这种函数关系的实例吗？

这些问题直接针对课堂要学习的内容，引导学生先自己去了解一次函数的概念及其一般形式，让学生对课堂所学的内容做好铺垫，而且培养学生自我学习和总结的能力，还可以鼓励学生举更多的实例来对一次函数概念有明晰的认识。

（二）情境创设要有趣味性

对新课的导入要注意激发学生学习新内容的兴趣和心理需要，学生对数学的喜欢往往是从兴趣开始的。生动的、充满趣味的导入，可以让学生迅速把注意力转移到课堂学习中，并使他们能充满热情地，积极主动地去探究问题，寻求解决方法。从而使学生真正快乐而轻松的学习，而不是靠过多的外在压力来驱使他们学习。

比如，在教学用列举法求概率时，可让学生先自己去探究：

探究 1：分小组活动，同时掷两枚硬币 10 次，记录下所有不同的结果（相同结果不重复记录），小组间相互补充得到的所有可能结果。

探究 2：先后两次掷一枚硬币，记录所有可能的结果。

探究 3：比较两种试验的所有可能结果是一样的吗？

学生在亲自动手操作的过程中，体验到了数学学习的乐趣，同时，也培养了主动获取知识的探究精神和合作交流的意识。

（三）情境创设要有启发性

有效的情境要从学生实际出发，在教师充分发挥主导作用的前提下，善于开发、引用情景和案例，巧妙地设置问题，激发学生的求知欲，这样不仅容易诱发出每一位学生的已有经验、对问题和现象的个人观点和认识，还使学生处于一种"心求通而未得，口欲言而弗能"的愤悱状态，引导学生积极开展思维活动，为了让学生顺利地完成探究，教师可以在导入的时候对完成的方法进行适当地提示和指导。

例如，在学习等腰三角形的性质时，可布置学生先探究下列问题：

问题1：请你一剪子将一张长方形的纸剪出一个等腰三角形，并想一想你为什么这样做？

问题2：剪出的等腰三角形沿着折痕对折时，能够完全重合，猜想一下，得到的等腰三角形的边、角、主要线段有什么性质？

问题3：如何证明这些性质？折痕能否对证题思路有所启发？

引导学生去思考，发现问题。在情境创设过程中努力达到启而能发，发而能导，导而不乱。

（四）情境创设的难度要适当，具有一定挑战性

情境创设的目的是让全体学生都能参与到课堂中，但每个学生的学习是有差异的，这就要求我们在导入新课时应把握层次性和难易程度，表述的方式要适合本班学生的心智发展水平，对不同的学生提供不同的挑战。探究新知毕竟是在学生还没有真正开始学习新知识的情况下进行的，不但要考虑到学生现有的认知水平，不宜过难，使学生失去探究的欲望，又要考虑到学生对新知识的好奇心理，利用学生已有的发展水平与教学要求之间的矛盾来促进学生的发展，难度设计要像摘树上挂着的桃子一样，使学生"跳一跳，摘得到"，这样，学生既不会对要学的新知有厌烦、恐惧的负面心理，又能让学生在获得自主探究的成果时有一种成就感，这样不仅能够帮助学生树立自信心，还能使他们保持对学习的兴趣和积极性。同时，学生参与的形式可多样化，以保证课堂学习的效率。

比如，可放手让学生自己去探究一元一次不等式的解法，因为学生在前

面已经学习了不等式的性质和解一元一次方程的知识，学生的自主学习就会比较得心应手，在类比中会发现它与一元一次方程的联系与区别。

（五）情境创设应有开放性

有些情境创设可以体现开放性，增加学生思考问题的多面性。在教学过程中，教师要认真钻研教材，围绕新课程提出的教学目标、学习目标、策略目标以及评价目标，有针对性地对部开放性作业及时加以布置。合理开发教材资源，深入挖掘智力潜力，积极注重发散思维的作业布置是贯彻实施新课程理念的手段。根据所学内容适时适量地选择开放性问题，让学生各有说法，让不同层次的学生都有所收获。

比如，在学习三角形的内角和的内容时，学生可能都知道三角形的内角和等于180°，但怎么证明这个结论的正确性，可布置学生先分小组探讨，然后在班上相互交流各自不同的方法。课堂上通过展示成果来了解学生学得怎么样。通过作业展示让学生充分展示自我，同时学会欣赏同伴的优点，促进学生学习方式向自主学习、合作学习和探究学习转变。

创设情境是为新知识的学习打下一定的基础，也是在培养学生的自主学习能力，在一定程度上减轻了教师在教学上的压力，重点、难点较易突破了；同时，给学生一个自己往前走的空间，让他们自己去交流与合作探究；学生在这个学习过程中，可能会遇到挫折，有时也许会花费一定的时间和精力，但这却是自己学习、成长、发展、创造所必须经历的过程，也是自身能力和智慧发展的内在需求。

三、小组合作学习问题设计策略

在小组合作学习中，小组合作学习的效果与问题设计得是否科学有效直接相关，为了能调动学生的学习积极性和主动探究的兴趣，发挥小组合作学习的作用，在设计问题时可考虑以下几个方面：

（1）联系学生的生活实际，从学生的生活经验出发，设计让学生感兴趣的问题，或关注社会热点，提出自己比较关注的问题。比如，在学习概率初步一章，教学时可借助抽签和投骰子的问题引出随机事件的概念，让小组合作进行投币实验从而引出概率的定义，通过学生并不陌生的"摸球问题""扫雷游戏"等让学生进一步理解概率在解决实际问题中的作用。

（2）教师可结合本节课要学习的知识和要让学生探究的问题，针对教学中的重点知识，抓住学生的疑难点来设计问题，帮助学生由浅入深、化难为易。例如，在学习相似三角形的判定时，学生通过与全等三角形判定方法的类比掌握了"三组对应边的比相等，两三角形相似""如果两个三角形的两组对应边的比相等，并且相应的夹角相等则两三角形相似"的判定方法后，教师提出这样的问题："两个角相等能判断两个三角形全等吗？能否判定两个三角形相似呢？"引发学生去思考新问题，从而激发学生去探求新知识。

（3）激起学生的认知冲突来提问，将要设计的问题与学生已有知识经验相联系，在回顾旧知识的基础上对新知识提出问题，通过化归的思想方法将新知识转化并纳入原有的认知结构中。例如，学习"用函数观点看一元二次方程"时提问："二次函数的图像与轴相交的情况与一元二次方程的根的情况和判别式有联系吗？根的判别式如何来判断抛物线与轴有无交点情况？"这样促进学生将已有的知识用来解决未知的问题。

（4）为了让所有学生都能积极参与到小组合作学习中来，教师可根据不同学生的学习情况及智力水平，分层设计问题，促进学生去思考问题，让不同层次的学生都能在学习中有所收获。

问题1：已知A、B在直线 l 的两侧，在 l 上求一点P，使PA+PB最小；

问题2：已知A、B在直线 l 的同侧，在 l 上求一点P，使PA+PB最小；

问题3：已知AOB内有一点P，在OA，OB上分别求一点E、F，使PE+EF+PF最小。

问题的安排遵循由浅入深、循序渐进的原则，进一步巩固理解"两点之间线段最短"，提高运用所学知识解决问题的能力，发展应用意识，同时让不同层次的学生都体验到成功的喜悦。

四、数学课堂练习题的设计的原则

教师要紧扣教学目标，精选练习，充分考虑到学生的差异，设计有层次的练习，使不同水平的学生都学有所获。所以教师在设计练习时，应把握以下几点：

（一）练习要有目的性

练习要有目的性即练习要紧扣教学目标，把握基础，学生通过练习能进一步巩固知识，提高基本的数学技能，使思维能力得到进一步发展。练习要能把握重点，突破难点。例如：课本上典型基本题目，书中容易做错的题目等。

（二）练习要有针对性

练习要有针对性即练习能根据每个学生的实际情况分层布置，适合学习能力层次不同的学生。针对教材和学生实际，考虑多数学生的学习基础和能力，难易适度，让学生能完成。

（三）练习要有适宜性

虽然我们不提倡"题海战术"，但对于部分学生来说如果不适量练习，就很难熟练掌握所学的知识并灵活运用，因此教师要有目的、有计划地让学生对有代表性的、典型的习题反复练习，以保证他们牢固掌握所学知识。同时，对学有余力的学生，安排他们适当做些提高题拓展升华所学知识。

（四）练习要体现差异性

因材施教的原则，应贯穿于教学工作的每一个环节。练习也不例外。我们可根据学生学习水平把学生分成两层或三层，分层次布置作业，做到练习有梯度、有区分度，让不同层次的学生都能体会到收获的乐趣。

（五）练习要有灵活性

使学生在掌握基本知识的基础上，将已有知识进行拓展、延伸、升华、提高，其目的是为了扩大教学深度和广度，提高学生的综合能力。

首先，教师要灵活驾驭教材，扩大学生知识面。小组合作学习的课堂需要教师在尊重教材的基础上超越教材，课堂上不能只学教材，还必须进行相应的扩展，拓宽学生知识的深度和广度。在备课时，我们要从学生学习的实际情况出发，了解其知识基础及认知水平、学习能力，认真分析教学中的重点、难点，紧紧围绕教学重、难点来参考各种教辅材料，尽量在讲授新课时把相关的知识渗透到其中。

其次，教师应精心设计开放性习题，拓展延伸思维。开放性习题一般是指条件、问题不完备，答案不唯一，解题方法不唯一的练习，具有发散性、探究性和创新性。利用课外时间给学生设计出思维容量较大的开放性习题，使学生必须"跳一跳，摘得到"。这样，学有余力的学生就会在解题过程中出现强烈的表现欲望，也促进其他学生积极参与思考，从不同方向去寻求最佳解决方法。

第三节 合作学习存在的问题及改进策略

随新课程改革的不断推进，学生在学习中的合作意识、合作精神、合作方式等越来越受到广大教育工作者的关注和重视。新时代的初中数学教学已经不仅仅局限在数学知识的传授上，它更侧重于对学生合作交流、自主探究、动手实践的引导和培养。合作学习已逐渐地成为当前初中数学教学活动中的主要教学模式。

一、初中数学合作学习中存在的问题

目前，我国的初中数学在合作学习模式开展过程中主要存在以下几个方面的问题：

（一）教师的作用没有充分发挥

在初中数学的合作学习过程中，有些数学老师错误地认为合作学习只是学生之间的事情，将自己当成局外人、旁观者，使得教师应有的引导作用、组织作用和促进作用没有得到充分地发挥，这就使得合作学习很难取得应有的效果。

（二）问题的空间较为狭小

合作学习相较于传统的教学模式来说，其学习的质量和效率都更高。究

其原因就在于小组成员能够团结协作，充分发挥集体的智慧，在大家对问题的相互讨论中碰撞出智慧的火花，从而共同完成或解决一项学习任务。但在实际的合作过程中，教师往往要把合作探讨的问题设计成要求学生完成某一块土地的丈量方法或者某一数学公式的推导等这些小问题上，使得合作学习缺乏一定的探究性、开放性和挑战性，合作探讨的问题及空间的狭小，使得合作学习只能停留在学习的表层。

（三）合作学习流于形式

在有些初中数学的课堂教学中，一些教师为了迎合上级的命令和教学形式，为合作学习而合作学习，不考虑自己的课堂是否需要进行合作学习，便不假思索地照抄照搬过来，使得合作学习完全流于形式。

（四）小组内部分工不明确

合作小组是合作学习模式的主要形式，但在实际操作中，有些教师没有对小组内部的成员进行明确的分工，造成小组成员在进行合作学习时，往往各行其道，彼此之间没有形成统一的合作探究，从而也就不能实现小组内部之间、小组之间的互补互助和共同提高，导致出现弱者更弱、强者更强的现象。

二、加强初中数学合作学习的对策

针对前面指出的在初中数学合作学习过程中出现的问题，教师可以通过以下对策来提高合作学习的成效。

（一）教学活动要着重突出学生的主体性

在初中数学的合作教学过程中，学生是学习的主体，教师是学习中的引导者与组织者。因此，初中数学教师在开展教学活动时，就必须要突出学生的主体性，使学生成为教学活动的主体、学习活动的主人。在日常的数学教学活动中，教师要根据学生的实际情况选择教学方法，在实施合作学习时，要明确教学目标，抛弃传统的填鸭式的教学思想，加强对学生的引导，使学生能够在教师的引导下自己理解并掌握教材内容。此外，教师还要采取有效的措施扩充教学资源，革新教学方法，以此来调动学生学习数学的积极性，进而提高合作学习的成效。

（二）通过多种方式激发学生合作学习的兴趣

数学知识具有极强逻辑性和趣味性，因此，教师在进行数学合作教学活动的设计时，要将表演、游戏与合作探讨的问题进行巧妙的结合，让学生在游戏中进行数学知识、方法及思想等的合作探讨和学习。

（三）加强合作学习中的实际操作，不断提高学生在合作学习中的探究能力

教师在进行数学合作教学的设计时，要对初中数学教材进行充分的研究，并根据初中生的性格特点，选取日常生活中学生喜闻乐见的生活事例，让学生在实际的合作探讨中培养思维能力。通过加强合作学习中的实际操作方面的训练，为学生提供更多的数学实践机会，从而使学生体验到数学学习的乐趣。

（四）对学生进行科学分组，选择合作学习时机

在初中数学合作学习中，为保证合作学习质量，教师需先对学生进行科学分组，不能简单按照前后位置来分组，应当坚持组内异质、组间同质的分组理念。在各个小组内学生之间的性别、性格特点和学习能力是互补互助的，这样有利于他们相互帮助和相互学习，真正发挥合作学习的优势和作用。同时，初中数学教师应选择适当的合作学习时机和内容。合作学习只是一种学习方式，需要和知识讲解、例题示范、概括或提炼，以及学生合作探究等方法有机整合，并与教学风格、课程目标和教学内容等密切吻合。

例如，学习"等式的性质"，这是学生在了解一元一次方程概念后的知识内容，是解方程的必备知识，对解一元一次方程的移项、合并同类项起着至关重要的作用。教师可先按照学生的实际情况进行分组，保证各个小组内知识水平和学习能力存在差异，小组之间则实力均衡。接着，教师利用图示引入法：一个圆柱体的质量为 a，一个小方块的质量为 1，这个天平处于什么状态？如何用数学式表示天平左右两边的关系？让他们在小组内观察和思考，说出天平处于何种状态。在讲解"等式性质 1：加减性质""等式性质 2：乘除性质"时，教师可先要求学生独立尝试思考，之后再在小组内相互讨论、提炼和归纳出等式的性质，通过合作学习来理解知识。

（五）发挥教师引导作用，明确合作学习分工

初中生正处于渴望独立、摆脱束缚的年龄阶段，这是培养他们自主学习能力和合作探究能力的关键时期，与合作学习的理念和模式不谋而合，应让他们先独立思考再共同学习，最终透彻理解知识。在初中数学教学中应用合作学习，教师不仅需强调学生之间的相互合作、齐心协力和团结协作，还应发挥自身的引导作用，当他们遇到困难或疑惑时提供帮助和指导，从而解决学习难点。同时，在合作学习模式下，教师需关注学生的合作学习过程和方法，明确小组成员分工，让他们有条理地合作学习，只有这样才能够提高学习效率。

比如，在"余角和补角"教学实践中，针对"互为余角"知识的讲授，教师在黑板上画出角度和为90°的两个角，让学生独立观察和思考理解"互为余角"的概念，使他们知道"互为余角"反映的是角的数量关系，而不是角的位置关系。接着在探究新知识"互为补角"时，教师可指导学生在小组内进行合作学习，自由讨论和合作探究，利用之前的知识基础和学习经验来理解"互为补角"的概念。而对于同角（等角）的余角（补角）相等的探究，由于对学生的抽象概括能力、知识运用能力要求较高，他们在合作学习中可能遇到困难，此时，教师应发挥自身的引导作用，并要求学生在组内分别负责画图、搜集实例、动手实践、归纳总结等，最终掌握这一难点知识。

在初中数学合作学习活动中，对于存在的问题教师需给予格外关注，弄清产生问题的原因，教师可应用学生科学分组、选择合作学习时机、发挥自身的引导作用和明确合作学习分工等途径来解决问题，全力提高学生的数学知识水平。

第六章　初中数学课堂有效性教学方法与设计

第一节　有效性教学的定义

一、有效性

有效性是教育和教学改革的共同追求，我们每一个教师追求教学的有效性就如我们自己追求幸福一样，哪一个教师不希望自己的教学有效呢？追逐幸福是我们每一个人的一种价值取向，但是我们首先要有一个正确的幸福目标，教学有效性也是一样的。有效性到底指什么？教学有效性究竟指什么？主要表现在哪些方面？这些是必须要弄明白的。

在英文中，大家比较认同的一种解释是："有效性是足够实现某一目的，达成预期或所期望的结果"，"与某一件事和情况的成果有关，有实现目标的力量，反映某一行为的完成或获得结果"。在中文中，有效性这个词也是从英语"effectiveness"翻译过来的，在中文解释中我们平常所说的有效性是指"达到了所预期的目的或结果"。

总的来说，比较认同"有效性是指一件物品或一项活动具有预期所要达到的积极的或肯定的结果和程度"，当然"效"有大有小，获得的"效"所付出的代价也有大有小，当付出的代价小而获得的较大时，我们就说"有效"，反之，我们就说其"低效"或"无效"。

二、课堂教学有效性

"课堂教学有效性"实际上是"classroom teaching effectiveness"或者"the effectiveness of classroom teaching"的中文翻译，我们在读文献的时候，也会遇到"有效课堂教学"effective classroom teaching"或"effective classroom instruction"这样的表达，从他们的英文表达形式来看，"有效课堂教学"是"课堂教学有效性"的一种名词表达形式。

关于课堂教学有效性的含义，由于学者们的教学理论基础和教学价值观的不同，时至今日，也未达成共识，可谓是仁者见仁，智者见智。其中有代表性的、得到教育界认同的宋秋前教授的观点认为："课堂教学有效性是师生遵循教学活动的客观规律，以最优的速度、效益和效率，促进学生在知识与技能、过程与方法、情感态度和价值观'三维目标'上获得整合、协调、可持续的进步和发展，从而有效地实现预期的教学目标，满足社会和个人的教育价值需求而组织实施的教学活动"。还有余文森教授认为："课堂有效性是指通过课堂教学活动，学生在学业上有收获、提高和进步。具体表现在：认知上，从不懂到懂，从少知到多知，从不会到会；情感上，从不喜欢到喜欢，从不热爱到热爱，从不感兴趣到感兴趣"。陈晓端教授认为："课堂教学有效性有三层含义：从表层上分析，课堂教学有效性是一种教学形态；从中层上分析，课堂教学有效性是一种教学思维；从深层上分析，课堂教学有效性是一种教学理想和境界"。总之，比较认同宋秋前教授的观点，从该定义中可以看出，课堂教学有效性的核心和标准重点是学生的进步和发展，具体体现在：

就其发展内涵而言，学生的进步和发展是三维目标的整合发展。学生的全面发展是任一维度都不能独立实现的，其中知识与技能目标只有学生在积极思考和实践应用的过程中，才能内化为自己的知识；情感、态度、价值观只有伴随着学生对知识的思考和运用才能够得到发展和提升；过程与方法只有当学生对学习投入积极的情感时，才能体现过程与方法的存在价值。总之，学生的发展得益于三维目标的整合，缺少任何一个方面，就不可能使学生获得全面发展。

就其发展方式而言，学生进步和发展是合乎"科学"的方式获得的。它是通过教师采用恰当的教学手段或方法来呈现教学内容，遵循学生的学习规律，以最优的速度、效果和效益使学生获得最大的发展。它不是通过加班加点，占用学生的额外时间，使学生陷入题海获得的发展。

就其发展的时间而言，学生进步和发展有当前的发展和未来的发展。当前的发展是指那些可测量出来的发展，比如考试成绩可以算作当前的发展；未来的发展使之向学生未来的发展，重在可持续发展的潜力。

三、初中数学课堂教学有效性

任何一个学科的三维目标都包括知识与技能、过程与方法、情感态度和价值观，但是具体到每一门学科要求就不一样。初中数学课程标准中把"三维目标"划分为四个方面：知识与技能、数学思考、问题解决、情感态度和价值观。根据初中数学三维目标的四个方面，对宋秋前教授的定义进行扩充和延伸，给出初中数学课堂教学有效性是指：初中数学课堂教学有效性是指拥有合理的教学理念的初中数学教师，通过制定正确的数学课堂教学目标，采用恰当的或适合学生的教学方式和方法呈现数学教学内容并给学生及时的课堂教学反馈，使教师和学生在各种互动的教学活动中，达到促进学生在数学知识与技能、数学思考、问题解决、情感态度价值观上获得满意的结果，以获得良好的数学课堂教学效果。初中数学课堂教学有效性的特征表现在以下三个方面。

（一）效果和效率的统一

数学课堂教学有效性并不是指在一节 40 分钟的数学课堂里，数学教师传授了多少数学知识，而是指学生在数学教师的引导下主动获得了多少数学知识，在问题解决、数学思考上获得多大的发展，情感态度上有怎么样的体验。因此，初中数学课堂教学有效性不仅指数学成绩好的学生感到有效，而且在对数学成绩差的学生考量时，他们也会感觉到有效。提高效率是一切管理工作的目标，同样课堂教学工作也讲究效率。

同样好的课堂教学效果，所花费的时间少，数学教师和学生的负担轻，这就是高效率；如果花费的时间多，数学教师和学生负担重，那就是低效率。在目前的数学课堂教学中，存在着数学教师不重视课堂教学效率，总是延长学生的数学学习时间，增加了学生的学习负担，最后学生成绩可能提高了，升学率也上升了，但是这牺牲了学生的身心健康，是不可取的，更是一种低效的表现。

（二）过程和结果的统一

从数学教学的角度看，重结论、轻过程的数学教学是一种"捷径教学"，把形成结论的生动过程变成了呆板的死记硬背，这样的数学课堂教学过程，只是在让学生听讲和记忆数学概念、定理、公式等，久而久之，学生就会认为，学数学很枯燥无味，而且很难学，学数学就只是做题，造成学生不会提问，只会"认真听讲"和记忆，这实际上是对学生智慧的抹杀。初中的数学虽然没有高中的数学那样抽象概括，但作为衔接小学数学和高中数学的初中数学，较同阶段的其他学科更为抽象些，研究方法也是很抽象，加大了初中生学习数学的难度。正是因为这样，要想提高数学课堂教学有效性，必须要注重过程，比如理解一个数学概念是怎样形成的，一个数学公式是怎样获得和应用的，通过这样的学习过程，使学生感受到探索的神秘性和乐趣性，增强他们学好数学的信心，当然在这个探索的过程中，学生可能会面临失败、困惑、挫折，这也是学生学习、成长所必须经历的。

（三）学生发展和教师发展的统一

数学学科在培养和完善人的方面上，具有别的学科不能替代的作用，数学学习不仅仅是数学知识的学习，还应该是数学的思想、本质和价值的学习。在数学课堂学习过程中，我们的学生不能仅仅停留在记住某些数学结论，前面也说过，初中的数学学习特点决定了初中的学习方式，不可能是单纯的数学知识记忆。在数学课堂学习过程中，学生通过数学知识与技能的学习和掌握，感悟数学的思考形式；经历数学公式的推理过程，养成理性的思维；通过解决挑战性的数学问题，形成不怕困难、锲而不舍的数学学习意志，从而促进学生全面的发展。

初中数学新课程标准的理念之一就是以学生为本，同时这个理念也为教师的成长和发展提供了一个平台和机会。数学教师不断提高自己的数学修养，自觉转变自己的教学观念，及时地调整自己的教学方法以达到最佳的课堂教学效果，因此，这对于教师来说，既是一个挑战，又是一个专业发展的过程，真正的有效数学课堂不仅仅是学生获得了发展，教师也得到了提升，从而实现了真正意义上的教学相长。因此，真正有效的数学课堂教学，它既能促进了学生发展，也能促进教师自我成长。

第二节　有效性教学的实施策略

如何使初中数学课堂真正地动起来，给自己的学生创造一片翱翔的蓝天，让学生放松、自如地学到真正的数学知识，达到有效教学，这是新课改背景下的每一位数学老师必须认真探讨的问题。下面谈谈笔者在教学中的一些体会。

一、巧设情境，营造浓浓的数学氛围

现代教育学认为，课堂教学除知识对流的主线外，还有一条情感对流的主线，即通过不断创设问题情境，激励学生主动参与教学过程。

教师作为课堂教学的组织者和实施者，就应当想方设法、巧妙地使学生产生学习的愿望，而创设问题情境是向学生提供满足他们的愿望的办法。

例如：在讲一元一次方程应用题利润率问题时，老师问："你想盈利吗？"同学们顿时活跃起来。"那你有什么盈利的方法？"学生个个跃跃欲试：打折、提高售价……老师又问："降价打折或提高售价是否一定盈利？为获得最大利润，怎样掌握降价和提价的尺度？"随后先分析出关系式，然后给出例题，引导学生寻找答案。教师通过创设问题情境，唤起学生创新意识。又如，在学习几何图形时，可联系王维的"大漠孤烟直，长河落日圆"这一千古名句，通过形象思维，用诗歌意境表示几何问题。在课堂教学中随时体现，设计一些复杂多变的问题，让学生自己判断来加以解决，或用辩论形式训练学生的判断能力，使学生思维更具流畅性和敏捷性，发表具有个性的见解。

在课堂教学过程中，教师在每堂课里都要进行各种总结，也必须有意识地让学生总结。总结能力是一种综合素质的体现，培养学生的总结能力，即锻炼学生集中思维的能力，这与培养学生的求异思维是相辅相成的。集中思维使学生准确、灵活地掌握各种知识，将它们概括和提取为自己的观点，作为求异思维的基础，保障了求异思维的广度、新颖度和科学性。

匈牙利著名教育家波利亚（G.polya）在他的《How to solve it: a new aspect of mathe matical method》一书中拟订了三条学习原则："主动学习原则""最佳动机原则""循序阶段原则"，其中"主动学习原则"是三条学习原则中的首要原则，他将"主动学习原则"解释为"学习任何东西的最佳途径，是亲自独立地去发现它"。而通过创设问题情境展开讨论，最能引发不同见解，最能激发学生创新意识，营造和谐的学习氛围，使学生主动学习。

二、激发兴趣，调动学生学习数学的主观能动性

浓厚的学习兴趣可使大脑处于最活跃状态，可增强人的观察力、注意力、记忆力和思维力。

苏霍姆林斯基说过："要能吸引住儿童的注意力，只有一条途径，这就是要形成并保持儿童的这样一种内在状态 —— 情绪高涨智力振奋的状态，使儿童体验到自己在追求真理、进行脑力活动的自豪感。"在教学中可结合课本内容适当介绍一些古今中外数学史或有趣的数学知识，激发学生的进取意识和求知欲，注意编造教学内容的趣味性、探索性和应用性。

例如，讲列方程解应用题时讲一讲古希腊数学家刁番都的故事。讲矩形时，自制平行四边形教具，利用平行四边形的不稳定性，将一个平行四边形变成有一个直角的平行四边形。通过演示观察，提出如下问题，让学生争议、探索：在四边边长不变的情况下，平行四边形在变动中会成为一个怎样的图形？平行四边形的什么发生了变化？（角）什么没有变化？（边）矩形的定义是什么？它是什么四边形的特殊的一种？除具有什么图形性质外，还具有怎样的特殊性质？一连串问题激发学生主动去思考和探索。

再如，在讲"三角形任意两边之和大于第三边"的定理时，先用这样的例子来激趣：狗见到前面的骨头，牛见到前面的青草时，总是沿着直线向前去吃，绝不会拐弯抹角，除非它是一条疯狗或疯牛。为什么？学生兴趣一上来，这一课的任务——"三角形任意两边之和大于第三边"定理的教学就很顺利地完成了。

数学具有很强的知识性，但不缺乏趣味性。在素质教育的今天，在新课改的背景下，解决数学知识的抽象性与初中生思维的形象性的矛盾的最好方法就是：在教学中努力做到活泼多样、动静结合，激发学生学习数学的兴趣，使学生随时随地乐意学习数学。

三、手脑并用，培养数学思维与操作能力

现在的初中生由于家庭条件较优越及家长的包办代替，动手能力较差，这给数学的学习带来了障碍。在教学中教师要根据学生的思维特点处理好形象与抽象的关系，通过摆一摆、拼一拼、量一量、做一做，用眼看一看、用心想一想的操作，使学生在动手、动脑、动口的实践活动中，在感知认识的基础上发展思维，诱发创造性思维的火花，由想动口发展到想动手，而动口和动手都是促使学生动脑的最好途径。

例如，讲三角形内角和定理时，让每一个学生先准备好一个硬纸做的三角形，在课堂上让同学们把这个三角形的两个角剪下来，再和第三个角拼在一起，就成为一个平角。这样让学生动手操作，在完成操作过程中将直觉思维上升到抽象思维，就能很快地找到定理的证明思路。讲两圆的位置关系时，利用直观教具，用运动的方式，让学生看到两圆外离—外切—相交—内切—内含的变化过程，从而归纳出两圆之间的五种位置关系，增强了直观性。在研究三角形全等的判定方法时，指导学生动手画图实验，分别剪两个有两边夹角、两角夹边、三边对应相等的三角形，通过比较，启发学生自己总结出判定定理。

通过让学生多参加实践活动，实物在手，看得见，摸得着，又动手又动脑，对它们的特征记忆深刻，既活跃了课堂气氛，又开拓了学生的思维。

四、变化题目，激发学习数学的创新潜能

进行一题多变，提出变式问题。一题多变对激发学生的创造性思维并对数学产生浓厚的学习兴趣将起到其他方法所不能替代的作用。变化深化题目，让学生参与创造和加工已解答过的题目，在保持原题模型的情况下，打出多项新的发散点，变换形式地进行发散思维。

例如，经过点 A（2，2）的函数有哪些？既可以写一次函数、反比例函数，也可以写一些二次函数，答案很多。通过变式深化题目，能充分激发学生思维的灵活性。改造的表现形式主要有题型变式、条件结论变式等。在课堂教学中还可把数学与其他学科互相沟通，数学本身中的代数解法与几何解法、三角解法相互沟通。

例如，一个正方体，切去一个角，还剩几个角？变式切法，就会有不同的答案，7、8、9 或 10 个角都有可能。凡此种种方法的应用应立足于一个"活"字，落实到一个"创"字，就是把学生的思维搞活，对学生进行立体发散思维训练，引导学生跳出题海，激发学生创新的潜能，培养学生敢于创新、勇于创新的优秀品质，提高学生的解题应变能力。

五、转换角色，鼓励学习数学的主体意识

传统教学中，多数情况下是教师牵着学生的鼻子走，教师讲，学生听，课堂死气沉沉。新课程改革强调的是一种互动的师生关系，即"学生倾听教师"转换为"教师倾听学生"。教师应该关注学生在课堂上所表现出来的积极性、自觉性、能动性，支持和引导学生自主、自立以及强烈的"我要学""我能学"和"我是学习过程的主人"等主体意识。在这一方面教师进行了大胆的尝试。

例如，在学"一元一次不等式的解法"这一课时，教师把上课教学的权力交给了同学们，由各学习小组研究学习的方法，各组之间探讨最佳的教法，然后，推选出一名同学给同学们上这节课。最后，让学生做与例题类似的习题后，发现学生只在"去分母"和"系数化为 1"时出差错，就只强调这两步：第一步：去分母时，不要漏乘不含分母的项；第二步：系数化为 1 时，未知

数系数是负数时，不等号方向要改变。其余几步均由学生自主解决。这样，同学们通过讨论和研究对知识有了进一步的了解，在老师加以点拨之后，既巩固了知识，又培养了大胆创新的精神。

数学教育任重而道远，作为数学教师，我们必须尽快转变思想观念，努力树立课堂教学的新理念。把课堂教学从传统的只重认知学习转变到以培养学生创新精神和实践能力为重点的目标上来，使学生学会生活、学会学习、学会创新。

六、自主探究，将开放题引入数学课堂

开放式教学是当今教学研究的一个热点，因它与传统教学相比更追求学生能力的提升，更重视学生思维过程，有利于学生创新精神和能力的培养。开放式教学以"开放题"为载体去实现开放。在数学课堂教学中，教师可将一些常规性题目改为开放题。

例如：在学习等腰三角形性质时，教师编了这样一道题：在△ABC中，AB=AC，O是△ABC内一点，且OB=OC，联结OA并延长交BC于D，问：能够得出哪些结论？将这样具有发散性和发展性的"开放题"引入数学课堂，通过发展训练，可以培养学生思维的灵活性与创造性，同时也给予了学生主动探究、自主学习的空间。

总之，在新课改的背景下，数学教师要给自己的学生创造一片数学的蓝天，充分发挥课堂教学有效性，让初中数学课堂教学充满生命的活力，鼓励学生发现数学的奥秘，让他们触摸到数学，尝试到学习数学的乐趣，真正培养学生探究意识、创新精神和实践能力，从而培养出真正适应社会需要的人才。

第三节 有效性教学方法与设计

现今课改正在如火如荼地开展。作为一名年轻老师，在反思自己教学的

过程中，有时会感觉自己已经花费很大的力气，但学生依旧没有得到很好的发展。因此，在目前基础教育课程改革的背景下，分析和探讨教学行为的有效性以促进具体的数学教学就显得尤为重要。教学作为一种有明确目的的认知活动，其有效性是教育工作者所共同追求的。有效教学是教师在达成教学目标和满足学生发展需要方面都很成功的教学行为，它是教学的社会价值和个体价值的双重体现。数学是人们对客观世界定性把握和定量刻画、逐渐抽象、形成方法和理论，并进行广泛应用的过程。义务教育阶段的数学课程，其基本出发点是促进学生全面、持续、和谐地发展。它不仅要考虑数学自身的特点，更应该遵循学生学习数学的心理规律，强调从学生已有的生活经验出发，让学生亲身经历将实际问题抽象成数学模型并进行解释与应用的过程，进而使学生获得对数学理解的同时，在思维能力、情感态度与价值观等多方面得到进步和发展。

一、有效性教学的含义

有效教学是指教师遵循教学活动的客观规律，以尽量少的时间、精力、和物力投入，取得尽可能好的教学效果。所谓"有效"，主要指通过教师一段时间的教学之后，学生所获得的具体的进步或发展，也就是说，学生有无进步是教学是否有效的唯一指标。

教学有没有效益，并不是指教师是否教完内容或教得认真不认真，而是指学生是否学到东西或学得好不好。如果学生学了但没有收获，即使老师教得再辛苦也依旧是无效教学。如果学生学得很辛苦，但收效甚微，那充其量只能算是低效教学。

对有效教学的理解主要有以下三个方面：

（一）教学需要促进学生的全面发展

教学有效性要以学生的进步和发展为宗旨。教学有效与否，要通过学生来体现。有效的教学应该关注学生的发展，教师必须树立学生的主体地位，具有一切为了学生发展的思想，在教学活动中促进学生的全面发展、主动发展和个性发展。

（二）教学需要改善学生的学习方式

教学有效性要以学生学习方式的转变为条件，促进学生有效学习，通过学生的自主能动学习，使学生有效学习，实现提高教学效率的目标。

（三）教学需要发展教师的教学效能

教学有效性的实现要以教师自身发展为基础。在平时教学中，特别在新课程理念下，教师需要变革教学观念，采取教学策略，掌握教学设备，实施教学计划，进行合适的教学评价，对教学行为进行反思总结。这种教师的专业成长，就是从学生的视角来反思教学是否有效原因。

二、影响数学教学有效性的因素分析

（一）教师未能抓住课堂

1. 教师目标达成度较差

部分教师在教学过程中仅仅关注到自己是否在规定的教学时间中完成了教学任务，并没有注意到自己的教学是否符合课程标准，能否使学生的知识、能力、情感态度、价值观方面得到一定的发展，教学过程的实施是否与学生的心理特征相符合，与其认知水平相适应，更无法注意到学生的差异。

2. 学生参与热情不高

教师不能很好地调动学生学习的热情。学生对整个教学过程参与的积极性不高，对于教师提出的问题不能主动深入地思考和探讨，仅仅是被动地接受知识，整体课堂气氛较为压抑，教师教和学生学是相对孤立的过程，没有很好地融合。

（二）教师过分主导，未以学生为中心

长期以来我们已经习惯了以教师为核心，虽然教改一再提出要以"教师为主导，学生为主体"，但事实上，仍然有老师习惯了满堂讲，使教师的主导地位错误地占据了课堂的主要位置，使学生处于被动，成为客体。由于教师过分主导，忽视了课堂上师生的交流，往往会对学生听进与否、听懂与否都不清楚，学生更无法及时表达自己的见解，疑问自然无法得到解答。满堂灌的形式不是围绕学生的需要来组织教学的，而是完全按照教师的设想不出一点差错地进行。统一的格式、统一的答案、统一的思维模式，教师怎么教，学生就怎么学，思维被完全固定在一个狭小的范围内，缺少自我思考、自我内化的过程。这样的课堂看起来很"完满"，事实上学生中会存在很大的问题，这就是大家经常看到的"课上听得懂，课下不会做"原因。

（三）教师评价不科学

挫伤学生自信心，经常会发生在课堂教学过程中。一个问题提出来，优等生会积极思考，主动举手发言；中等生会自己思考，你不请他就不发言；而成绩差的学生会把头低下，生怕教师请他发言。一方面，有的学生的确不会，另一方面，原因是怕错。曾经有一学生表示："我说错了，老师同学会笑：这么简单的问题都不会。"教师一句不当的训斥或者讽刺，就会极大地挫伤学生的心灵，让学生失去自信。每个学生学习能力上会有差异，在优等生看来非常简单的问题也许对有的学生会非常难，这就需要我们老师做出一个科学的评价。新课程标准中强调，评价必须首先尊重学生，理解学生，让学生在评价过程中体验学习成功的喜悦，获得成功的感受，让评价从"甄别"走向"发展"。

三、提高初中数学教学有效性的方法与设计策略

（一）准备阶段

亚里士多德说过："思维自疑惑和惊奇开始。"教师若能设置具有启发性或者趣味性的问题或故事，开讲时就创设悬念，学生就会被激起求知欲望，从而创造良好的学习氛围，为授课的成功奠定良好的基础。导入的好坏对一堂课的成功与否往往有着重大的影响。教师应该用最精练的语言，以最短的时间，选用最有效的方法，把学生的情绪调整到最佳的学习状态。这一环节也是学生认知过程的心理需要。在教学活动开始之际，学生普遍存在上好课的心理，但是这样的时间既强烈也短暂，利用这样的机会帮助学生尽早进入上课的状态很有必要。

案例1：利用电视拍摄的运动员跳水的画面，让学生充分感受当观察事物的角度不同时，对事物的认识也会不同，从而引入"从不同方向看"这一学习课题，通过生活化的事例引入，激发了学生学习的兴趣和热情。

案例2：在讲授"数轴"概念这章节内容时，注意到数轴对于初一学生是一个完全陌生的概念，如果突然引入会让学生无法理解，于是用了一个生活中经常能见到的温度计来引入。一来温度计的形象和数轴有很大的相似之处，学生能从熟悉的温度计的正负刻度自然过渡到数轴的三要素：原点、正方向、单位长度。二来通过温度计联想到刻度尺进而发问"为什么刻度尺没有负值"，从而进一步引出绝对值的概念。这个引入看似简单，但实际用意很深，同时也利于学生接受，在教学中也确实收到了良好的效果。

不同的数学内容需要设置不同的教学情境，在课堂教学中教师应选择相对学生最为直接、易于接受的情境，为学生搭建一个良好的学习平台，引导学生参与探究问题的过程，让学生感悟和掌握数学的思维方法和策略，促进数学的学习。

（二）实施阶段

1. 教学方式合适，培养学生能力

新课程的实施带来了课堂教学的众多变化，它强调教学过程是师生交往，共同探讨的互动过程。师生共同交流活动已成为课堂教学的主流，于是课堂越来越多地出现了合作学习的局面，似乎所有老师的公开课上都得出现小组合作这一环节，否则就是有缺憾的。但小组合作就真的如此有效吗？比如我们在进行"一次函数图像"性质教学时，就没有必要硬生生地加入小组合作，因为这部分内容更强调自我对图像的探索和挖掘。单纯的小组合作仅仅让学生的讨论流于形式，起不到深入研究培养探索性的目的。

2. 提问准确高效，开拓学生思维

新课程标准中提出了"提高学生数学的提出、分析和解决问题的能力，数学表达和交流能力，发展独立获取知识的能力"的具体目标。数学的过程本身可以看成是提出问题和解决问题的过程，提出问题不仅是解决问题的基础，而且解决问题本身就是通过不断提出问题的过程组成的。数学教学尤其是课堂教学就应该是以解决问题为核心展开的教学，是师生双方共同设疑、质疑、释疑的过程。课堂提问则是数学课堂教学展开的重要形式，是思维训练的必要手段。

提问要具有准确性和高效性。教师提问时要准确、具体，不要模棱两可，更不能出现歧义，同时问题本身也要是高效的；不能过难，不能超出学生的能力范围，使得学生不会回答；不能太容易，如果问题的答案仅仅用"是"或"否"就可以表达，那学生的思维过程就大打折扣。提问刚起步时要给予宽广的范围，让学生能够充分拓展思路，当教师期望学生能够回答得更准确时就可以把问题的宽度变窄，让学生针对性更强地回答问题。另外教师在提问时要注意语言动作神态的亲切，给予学生充分的鼓励。

例如，在"一次函数的应用"这节内容引入时"一辆汽车在普通公路上行驶 35 千米后，驶入高速公路，然后以 105 千米 / 小时的速度匀速前进。当这辆车的里程表显示本次出行行驶了 175 千米时，自动说出在高速公路行驶了多少时间？"当出现这个问题时绝大多数学生会想到用算术方法，如果这样就很难与本节课的课题相联系，于是增加"这里什么是不变的量""高速公路行驶的路程和行驶时间之间有怎样的关系""如何列出关于高速公路行驶的路程和行驶时间的关系式"这样的提问让目标更加明确，针对性也更强。

3. 练习优化多样，提高整体效果

很多教师在布置练习时常常挑选地使用课本或练习册上的习题，有的抱着多多益善的思想，每天布置大量的、不加选择的作业，把本应该是运用知识解决问题、培养能力的过程变成了无效劳动、反复操练的过程，让学生陷入"题海战术"中。优化练习设计，提高学习效率，让数学练习真正发挥作用，从而促进学生知识和能力增长就显得尤为重要。

设计时注重教学内容的拓展和在知识体系中的承前启后的作用，适当安排"一题多解"的习题，有计划地安排一些开放题，拓展学生的解题思路，提高运用知识的能力。同时注意练习的多样化，可以采用个别问答、抢答，小组竞赛的方式调动积极性。在进行练习设计时考虑到不同层次学生的情况，进行分层次作业或弹性作业，在练习数量和质量上，给学生机动空间，做到"一般学生巩固，好的学生吃饱，整体提高"的教学效果。

（三）评价阶段

一提到评价，肯定会联想到分数。作为教师要让自己的教学具有高效性，就得转变观念，将评价看成两个层面。一方面，教师对学生的评价，在新课程标准中，提倡将老师对学生的评价从"甄别"走向"发展"，可以采用记录学生各种进步，反映学生参与课堂教学过程和解决问题的思考过程的"档案袋评价"等等；另一方面，学生对教师的评价，要及时听取学生对教师课堂效果的评价，不断改进教学方法，这样才能真正做到教学相长，实现教学的高效。

参考文献

[1] 曹素玲. 数学游戏引入数学课堂的教学设计 [D]. 上海：上海师范大学, 2005.

[2] 陈莹. 社会身份对初中生数学能力表现的影响 [D]. 上海：华东师范大学, 2011.

[3] 教学目标设计中教师认知发展的行动研究 [D]. 临汾：山西师范大学, 2013.

[4] 陶娟. 初中数学情境教学有效性研究 [D]. 上海：华东师范大学, 2010.

[5] 白瑞媛. 初中数学课堂教学有效性研究 [D]. 呼和浩特：内蒙古师范大学, 2011.

[6] 高育梅. 初中数学情境教学的有效性研究 [D]. 上海：上海师范大学, 2009.

[7] 初中数学课堂教学有效性的研究 [D]. 石家庄：河北师范大学, 2014.

[8] 费云标. 浅谈合作学习在初中数学课堂教学中的运用策略与作用 [J]. 教育教学论坛, 2011(30):215-216.

[9] 但尊惠. 初中数学合作式教学的对策研究 [J]. 佳木斯职业学院学报, 2010(1):133.

[10] 牛会凤. 浅议初中数学合作学习的有效策略 [J]. 学周刊, 2012(4):91.

[11] 郑淑贞. 对合作学习课堂结构设计的思考 [J]. 教育探索, 2008(10):37-38.

[12] 赵弘, 钱佩玲. 论数学建模中的合作学习 [J]. 辽宁师范大学学报：社会科学版, 2002, 25(4):36-38.

[13] 何芬, 侯万胜, 刘霞霞. 影响初中数学课堂教学有效性因素 [J]. 亚太教育, 2016(12):34.

[14] 李平. 关于初中数学课堂教学有效性的分析 [J]. 民营科技, 2013(3):141.

[15] 张福顺. 数学教学设计研究现状综述 [J]. 内蒙古师范大学学报：教育科学版, 2008, 21(3):113-115.

[16] 刘恩山. 最为活跃的课程改革领域之一：义务教育生物课程改革十年回顾 [J]. 基础教育课程, 2011(z2):70-76.

[17] 李曼. 浅谈传统文化在思想政治教育中的作用 [J]. 陕西师范大学学报：哲学社会科学版, 2007(s2):27-28.

[18]李晓明.例说初中数学课堂教学活动单元的设计[J].中学数学教学参考,2004(10):19-21.

[19]李晓东.把握主题,整体设计——例说初中数学单元教学设计的基本策略[J].数学教学研究,2016,35(10):18-26.

[20]凌群丰.基于小组合作学习的初中数学课堂教学设计[J].课程教育研究,2015(14):117.

[21]程华.初中数学合作学习的调查与思考[J].数学教育学报,2010,19(2):11-14.

[22]何芬,侯万胜,刘霞霞.影响初中数学课堂教学有效性因素[J].亚太教育,2016(12):34.

[23]梁永平.发展教师教学行为的行动研究[J].教育理论与实践,2007(5):49-53.

[24]顾沛组.数学文化课程建设的探索与实践[M].高等教育出版社,2009.